Richard Wagner

Der Bund mit Gott für das Friedensreich Jesu Christi

Christus ruft alle geistigen Gruppen, Konfessionen und Religionen

Über den Strahl der göttlichen Weisheit
ruft Christus nicht nur Sein Friedensreich,
das Reich des inneren Lebens,
auf den Plan,
sondern Er wird all jene führen,
die sich Ihm zugetan haben,
indem sie sich bemühen,
die heiligen, ewigen Gesetze
zu erfüllen.

Inhalt

EINLEITUNG 11

I. DER ALTE UND DER NEUE BUND 17

1. Der Bund Gottes mit Israel – der Alte Bund . . 17

2. Der Bund Gottes in Christus, dem Erlöser aller Menschen und Seelen – der Neue Bund 22

3. Judentum und Christentum zur Zeit des Neuen Bundes 24

II. GOTT SPRICHT ERNEUT DURCH PROPHETENMUND 31

1. Die mächtige Zeitenwende 31

2. Fall, Erlösung und Heimholung 34
   - 2.1. Der Engelsturz 35
   - 2.2. Die Erlösertat Jesu Christi 40
   - 2.3. Christus – der Schlüssel zum Tor der Absolutheit 45

3. Das Heimholungswerk Jesu Christi 47
   - 3.1. Das Wesen des Heimholungswerkes Jesu Christi 47
   - 3.2. Die göttlichen Offenbarungen im Werk des Herrn 49
   - 3.3. Die Christliche Mysterienschule 50
   - 3.4. Die Innere Geist=Christus–Kirche 51

4. Das Universelle Leben 53

III. DAS FRIEDENSREICH JESU CHRISTI . . . 57

1. Prophezeiungen des Alten und des Neuen Bundes 57
   1.1. Die Ankündigung des messianischen Reiches im Alten Bund 58
   1.2. Die Rede Jesu Christi über die Endzeit . . 60
   1.3. Die Offenbarung des Johannes über die Endzeit und das Reich Gottes auf Erden . . 62
   1.4. Die Prophezeiung Gottes im Universellen Leben über die Zeit der Reinigung und das Friedensreich Jesu Christi auf Erden 64
      1.4.1. Die Völkerschlacht und das Weltreich Jesu Christi 66
      1.4.2. Die Auflösung der Materie und die Umwandlung zur Feinstofflichkeit . 71
2. Die christliche Urgemeinde Neues Jerusalem . . 75
3. Die Gemeindeordnung für das Friedensreich Jesu Christi 78
4. Der Engel der Gemeinde 81
   4.1. Die Verantwortung des Engels 81
   4.2. Gabriele von Würzburg 82
5. Der Auftrag der Urgemeinde Neues Jerusalem . 85

IV. DAS BUNDESANGEBOT GOTT-VATERS AN DIE URGEMEINDE NEUES JERUSALEM . . 89

Die Mahnrede an Israel 89
Der Ruf durch die göttliche Weisheit 92
Eine mächtige Zeit ist angebrochen 95
Leben oder Vegetieren 96
Das Knäblein steht auf 97

Gottes strahlendes Ebenbild sein 99
Die Zweifler werden auf die Knie gehen 101
Offenheit der Gemeinde Neues Jerusalem 102
Das Bundesangebot Gott-Vaters 103

V. DER BUNDESSCHLUSS DER URGEMEINDE NEUES JERUSALEM MIT GOTT-VATER . . . 107

1. Die Bedeutung des Bundes für den einzelnen . . 107
   1.1. Freiheit in Gott 107
   1.2. Für den Nächsten sein 109
   1.3. Einheit in der Gemeinde 110
   1.4. Absolute Nachfolge Christi 111
   1.5. Das auserwählte Volk 113
   1.6. Ein ewiger Bund 115
   1.7. Gabrieles Weg als Symbol 118

2. Christus, unser Bruder 120

3. Das historische Geschehen des Bundesschlusses . 123

4. Gabriele schaut das Urlicht – in Ihm die vier Wesenheitsfürsten 132

5. Die Offenbarung Gott-Vaters 134
   Das Zeichen des Bundes für das auserwählte Volk 135
   Über allem steht der Geist 137
   Geistiger Kampf an zwei Fronten 138
   Die Gemeindeordnung 140
   Das Satanische wird gebunden 141
   Versöhnung, Verständnis, Wohlwollen und Liebe 142
   Das Angebot und die Bitte Gott-Vaters 144
   Christus geht auch dem reißenden Wolfe nach . . 146
   Die vier Posaunen erschallen 148

Das Friedensreich und die Zeit der Umwandlung . 149
Führung durch Christus 151

VI. DIE URGEMEINDE NEUES JERUSALEM ÖFFNET DIE TORE 153

Die Zeit des Christus bricht an 155
Höret die Stimme eures Erlösers 158
Das Angebot Christi 160
Ihr Menschen, kehrt um! 163

VII. DAS ANGEBOT JESU CHRISTI AN ALLE GEISTIGEN GRUPPEN, KONFESSIONEN UND RELIGIONEN 167

VIII. GOTTESPROPHETEN UND DIE VIELEN WORTTRÄGER 171

1. Wahre Prophetie und Abrufungen aus der Atmosphärischen Chronik 171
Der freie Wille 172
Wahre Propheten 173
Der Mensch als Computer 174
Abrufungen aus der Atmosphärischen Chronik . 175
Künderpropheten im Werk des Herrn 178

2. Die göttliche Weisheit wirkt ausschließlich im Erlöserwerk des Herrn 181

SCHLUSSWORT 183

Einleitung

Wer die Geschichte des Volkes Israel, so, wie sie insbesondere im Alten Testament beschrieben ist, etwas kennt, dem wird sicherlich auffallen: Es ist eine Geschichte, in die Gott unmittelbar eingebunden ist. Gott, der Herr, führte und lenkte Sein von Ihm auserwähltes Volk – vor allem über die Propheten, die Er zu allen Zeiten auf die Erde sandte; das Alte Testament besteht ja zu einem großen Teil aus Prophetenbüchern. Über diese Seine Sprechwerkzeuge, durch die Er Sein mahnendes und belehrendes Wort den Juden schenkte, sprach Er zu Seinem Volk. Ein Prophet ist somit einer Posaune vergleichbar, in die Gott bläst – was freilich oftmals sehr unangenehm für die angesprochenen Menschen war, die darum die Gottespropheten meistens verfolgten, wenn nicht gar töteten.*

* Der evangelische Kirchenhistoriker Prof. W. Nigg schreibt: „Das Ich, in dessen Namen die Propheten reden, ist das Ich Gottes – in dieser Aussage liegt ihre Qualifikation. Die Behauptung, unmittelbar Gottes Sprachrohr zu sein, im

Ein Hauptthema, das sich durch das Alte Testament zieht, ist der *Bund* Gottes mit Israel, den das Volk allerdings immer wieder brach – den Gott durch Seine Lichtboten jedoch immer wieder erneuerte.

Als dann das Judentum erstarrt war im Buchstabenglauben, sandte Gott-Vater Seinen erstgeschauten und eingeborenen Sohn, Christus, der als Jesus von Nazareth über diese Erde wandelte; Er kam, um den Menschen den Weg zum wahren Leben, das *in* uns ist, zu lehren und vorzuleben. Aber die damaligen Menschen, vor allem die Schriftgelehrten und Pharisäer, erkannten Ihn nicht – und Er wurde getötet. Jedoch stiftete Er den *Neuen Bund,* der nunmehr *allen* Menschen angeboten wurde: Christus ist der Erlöser aller Menschen und Seelen.

Namen des Höchsten zu reden und vom Ewigen gesandt zu sein, grenzt ans Unerträgliche ... Begreiflich, daß sich ihre Zeitgenossen gegen sie aufgelehnt haben, ihnen mit Skepsis und Unglauben begegnet sind. Die Identifizierung ihrer Botschaft mit dem Wort des Ewigen fordert den Widerspruch förmlich heraus ... ‚So spricht Gott', dermaßen beginnt nun einmal die prophetische Botschaft, die damit die denkbar höchste Autorität geltend macht ..." Nigg, Walter: Prophetische Denker. Löschet den Geist nicht aus (Rottweil [3]1986) 13 f

Die ersten urchristlichen Gemeinden lebten im Geiste der unmittelbaren Nachfolge des Nazareners und wurden geführt vom prophetischen Geist, der sich jedoch zurückzog, als Uneinigkeit einzog und sich äußere Machthaber der christlichen Lehre bemächtigten. So entstand eine Institution mit Amts- und Machtstrukturen, die sich immer mehr aufsplitterte, die auch alle mystischen Gegenbewegungen zum Schweigen brachte und ebenso die prophetischen Mahner, die immer wieder auftraten. Die lebendige Lehre Christi wurde verschüttet durch Dogma, Kult und Macht. Kurz: Die Christenheit hat zum Großteil die Erlösertat Christi und Sein Bundesangebot nicht angenommen – der Zustand von Kirchen und Gesellschaft und der Zustand der verunreinigten Erde sind der Beweis.

Da weder Juden noch die Mehrheit der Christen den Bund Gottes in Christus angenommen haben – die wahre Nachfolge Christi –, bot Gott-Vater in der heutigen Zeit, die eine mächtige Zeitenwende ist, erneut einen Bund an: Er bot ihn der ersten christlichen Urgemeinde im Universellen Leben, der Gemeinde *Neues Jerusalem,* an. Über Seine

Lehrprophetin – Gabriele von Würzburg – sprach Er mächtig zu den Seinen, die Er erwählt hat, nun Sein auserwähltes Volk zu sein; denn Er hat jetzt hinweggenommen den Bund vom Volke Israel.

Die Urgemeinde Neues Jerusalem nahm das Bundesangebot an und schloß mit Gott-Vater, dem Gott Abrahams, Isaaks und Jakobs, einen neuen Bund – den *Bund für das Friedensreich Jesu Christi,* das Gott schon durch die Propheten des Alten Bundes sowie durch Jesus von Nazareth als auch durch Johannes in der sogenannten „Geheimen Offenbarung" vorhergesagt hatte. Dieses historische Geschehen fand in einer gewaltigen Offenbarung Gott-Vaters seinen Höhepunkt, in der auch die kommenden Zeiten vorhergesagt sind – und bei der auch die vier ersten Posaunen Gottes in alle vier Winde diese Botschaft verkündeten: Gott hat mit Seinem auserwählten Volk einen neuen Bund geschlossen – den Bund für das Friedensreich Jesu Christi!

Drei Wochen später verkündete Christus, der Hirte Seiner Herde, anläßlich einer weltweit übertragenen Christusstrahlung: „Die

Urgemeinde Neues Jerusalem öffnet die Tore.“ Außerdem wandte Er sich mit einem Angebot an alle geistigen Gruppen, Religionen und Konfessionen und deren Führer. Dieses Angebot wird in diesem Buch nun erstmals veröffentlicht. Zur Aufklärung und Entscheidungsfindung dient eine Offenbarung von Bruder Emanuel, dem Cherub der göttlichen Weisheit und verantwortlichen Diener im Werk des Herrn, in der er Stellung nimmt zu dem Thema: Gottesprophetie und die vielen Wortträger – auch diese Offenbarung wird in diesem Buche veröffentlicht.

Dieses Werk ist somit verfaßt für alle Menschen, die ehrlichen Herzens Gott suchen in ihrem Inneren und Ihm ernsthaft zustreben. Das Angebot Christi richtet sich an alle Menschen – gleich, welcher Konfession oder religiösen Gruppe sie angehören. Von diesem Angebot sollte jeder wissen – ob er es annehmen will, bleibt jedem selbst überlassen; der freie Wille ist entscheidend. Es ist jedoch angezeigt, sich über das Angebot zumindest zu informieren, um dann eine Entscheidung – für oder wider – treffen zu können.

Möge dieses Buch vielen zur Erkenntnis und Entscheidung verhelfen!

Würzburg, im Februar 1989

Richard Wagner

I. Der Alte und der Neue Bund

1. Der Bund Gottes mit Israel – der Alte Bund

Gott, der Herr, griff immer wieder elementar in die Geschichte der Menschheit ein, vor allem in die Geschichte Seines auserwählten Volkes. Der zentrale Begriff dieses Geschehens ist der *Bund,* den Gott mit den Menschen schloß, die sich verpflichteten, Sein Gesetz zu verwirklichen und zu erfüllen. Gott führte daraufhin Sein Volk unmittelbar und sorgte für die Seinen. Seine Treue zum Bund war stets unerschütterlich – auch wenn die Menschen diesem immer wieder untreu wurden.

Den ersten ausdrücklichen Bund schloß Gott – wenn wir die Bibel* als Grundlage nehmen – mit Noach, dessen Söhnen und ihren Nachkommen (Gen 9, 8–17), wobei auch die Lebewesen, die bei ihnen waren, mit eingeschlossen waren. Zeichen des Bundes, den Er zwischen Ihm „und allen Wesen aus

---

* Die folgenden Zitate entstammen der Einheitsübersetzung: Die Bibel. Einheitsübersetzung der Heiligen Schrift. Altes und Neues Testament (Aschaffenburg 1980).

Fleisch auf der Erde“ (Gen 9,16) schloß, sollte der Regenbogen in den Wolken sein.

Dann erging Sein Bundesangebot an Abraham, den Er zum „Stammvater einer Menge von Völkern“ (Gen 17,4) erkor: „Ich schließe Meinen Bund mit dir samt deinen Nachkommen, Generation um Generation, einen ewigen Bund: Dir und deinen Nachkommen werde Ich Gott sein.“ (Gen 17,7) Als Bundeszeichen galt die Beschneidung aller Knaben. Auch mit Abrahams Sohn Isaak schloß Gott den Bund „als einen ewigen Bund für seine Nachkommen“ (Gen 17,19). Ebenso schloß Gott den Bund mit Isaaks Sohn Jakob.

Als sich die späteren Israeliten in der Knechtschaft Ägyptens befanden und ihr Hilferuf zu Gott emporstieg, da gedachte Gott „Seines Bundes mit Abraham, Isaak und Jakob. Gott blickte auf die Söhne Israels und gab sich ihnen zu erkennen“ (Ex 2,24f). Zu Mose sprach Gott daraufhin: „Ich bin der Gott Abrahams, der Gott Isaaks und der Gott Jakobs.“ (Ex 3,6) Und Gott verhieß Mose, daß Er gekommen sei, „um sie der Hand der Ägypter zu entreißen und aus jenem Land hinauszuführen in ein schönes, weites Land, in ein Land, in dem Milch und Honig fließen ..." (Ex 3,8)

Nachdem Gott die Israeliten aus Ägypten herausgeführt hatte und sie am Berg Sinai angelangt waren, sprach Gott zu Mose: „Jetzt aber, wenn ihr auf Meine Stimme hört und Meinen Bund haltet, werdet ihr unter allen Völkern Mein besonderes Eigentum sein." (Ex 19,5) Als Mose dies dem Volk mitgeteilt hatte, antwortete das ganze Volk einstimmig und erklärte: „Alles, was der Herr gesagt hat, wollen wir tun." (Ex 19,8) Daraufhin offenbarte Gott Mose die Zehn Gebote (Ex 20, 3–17, Dtn 5,7–21); im sogenannten Bundesbuch wurden dann Rechtsvorschriften festgelegt, die in Kraft treten sollten, wenn jemand gegen die Zehn Gebote Gottes verstieß; außerdem gab Gott Mose noch Anweisungen für Heiligtum und Kult. Daß die damaligen Israeliten, die als störrisches und verwildertes Volk bezeichnet werden, diese äußeren Formen noch benötigten – da sie sich ja, inmitten von Vielgötterei, allmählich in den Eingottglauben einübten –, macht jenes schicksalhafte Ereignis deutlich, das geschah, als Mose lange nicht vom Berg Sinai zurückkehrte: die Errichtung und Verehrung des sogenannten Goldenen Kalbes, als Sinnbild vieler Götter. Damit war der Bund mit Gott gebrochen.

Doch Gott erbarmte sich dieses halsstarrigen Volkes und erneuerte den Bund: Er gab ihm die Gesetzestafeln mit den Zehn Geboten – und Mose sprach zum Volk: „Der Herr, unser Gott, hat am Horeb einen Bund mit uns geschlossen. Nicht mit unseren Vätern hat der Herr den Bund geschlossen, sondern mit uns, die wir heute hier stehen, mit uns allen, mit den Lebenden." (Dtn 5, 2f)

Damit hatte Gott den Bund, den Er mit Abraham, Isaak und Jakob geschlossen hatte, dem ganzen Volke Israel zugesagt; ihm wollte Er Gott sein, und das Volk sollte Sein auserwähltes Volk sein.

Die Geschichte des Volkes Israel war in der weiteren Zeit geprägt von dem Bund mit Gott – es ist eine Geschichte von Bundestreue, Bundesbruch und immer wieder vollzogener Erneuerung des Bundes, die Gott vor allem durch die Propheten herbeiführte. Ein Beispiel ist die Erneuerung des Bundes, die König Joschija zusammen mit dem Volk – nach einer Weissagung der Prophetin Hulda – vollzog (vgl. 2 Kön 23,1–3; 2 Chron 34,29–33).

In der Jesaja-Apokalypse ist wiederum vom Bundesbruch die Rede: „Die Erde ist entweiht durch ihre Bewohner; denn sie haben die Weisungen übertreten, die Gesetze verletzt, den ewigen Bund gebrochen." (Jes 24,5)

Immer wieder verstieß Israel gegen den Bund mit Gott, und Gott sandte Seine Propheten und Prophetinnen als Mahner. Aufgrund der wiederholten Bundesuntreue verhieß Gott durch Jeremia schließlich einen neuen Bund: „Seht, es werden Tage kommen, in denen Ich mit dem Hause Israel und dem Hause Juda einen neuen Bund schließen werde, nicht wie der Bund war, den Ich mit ihren Vätern geschlossen habe, als Ich sie bei der Hand nahm, um sie aus Ägypten herauszuführen. Diesen Meinen Bund haben sie gebrochen, obwohl Ich ihr Gebieter war – Spruch des Herrn. Denn das wird der Bund sein, den Ich nach diesen Tagen mit dem Haus Israel schließe – Spruch des Herrn. Ich lege Mein Gesetz in sie hinein und schreibe es auf ihr Herz. Ich werde ihr Gott sein, und sie werden Mein Volk sein." (Jer 31,31–33)

2. Der Bund Gottes in Christus, dem Erlöser aller Menschen und Seelen – der Neue Bund

Diesen durch Jeremia angekündigten Neuen Bund schloß Gott durch Christus, welcher der erstgeschaute und erstgeborene Sohn Gott-Vaters ist, der als Jesus von Nazareth auf Erden war. In Ihm hat Gott „an Seinen heiligen Bund gedacht“ (Lk 1, 72). Beim letzten Abendmahl, das der Herr mit den Aposteln feierte, bevor Er Seinen Gang zum Ölberg antrat, wo Er gefangengenommen wurde, sprach Jesus sinngemäß zu den Seinen – nachdem Er das Dankgebet gesprochen und Seinen Jüngern den Kelch gereicht hatte: „Das ist Mein Blut, das Blut des Bundes, das für viele vergossen wird.“ (Mk 14, 24) „Dieser Kelch ist der Neue Bund in Meinem Blut, das für euch vergossen wird.“ (Lk 22, 20) Dieser Bund wurde in Seinem Kreuzesopfer auf Golgatha mit Seinem Blut besiegelt. Das vergossene Blut ist das Zeichen für Seine erlösende Gnade, für das Erlöserlicht, für Seinen Geist, der seither jeder Seele zu eigen ist.

Der Alte Bund, der sein inneres Leben verloren hatte, weil er zu einer Religion der äußeren Gesetzeserfüllung erstarrt war, wurde damit abgelöst durch den Neuen Bund, welchen Gott in Jesus Christus allen Menschen anbot – er ist als *Angebot* zu verstehen, da das Schließen eines Bündnisses immer von zwei Seiten zu erfolgen hat, so wie das auch im Alten Testament geschehen war: „Alles, was der Herr gesagt hat, wollen wir tun." (Ex 19, 8) Wer diesen Bund schließt, der folgt also Jesus Christus nach und ist bestrebt, die Gesetze, die Er gelehrt hat, die in Seiner Bergpredigt zusammengefaßt sind, zu verwirklichen – nicht aus Zwang, sondern aus freiem Willen, aus Liebe zu Gott; denn Christus hat uns befreit von der Knechtschaft der formalen Gesetzeserfüllung und hingeführt zum Leben aus dem Geiste Gottes. Denn: Der Buchstabe tötet, der Geist jedoch macht lebendig!

Nicht die äußere Gesetzeserfüllung, die Buchstabentreue, sondern das Leben im Geiste Gottes war und ist von da an entscheidend. Dadurch reinigen sich Seele und Mensch, und der Mensch wird zunehmend ein bewußter Tempel des Heiligen Geistes, und der Geist Gottes wirkt in ihm und durch ihn. Der Neue Bund wird also geschlossen und erfüllt durch das Dienen, durch das Verwirklichen des

Gebotes der Gebote: „Du sollst den Herrn, deinen Gott, lieben mit ganzem Herzen, mit ganzer Seele und mit all deinen Gedanken ... Du sollst deinen Nächsten lieben wie dich selbst." (Mt 22, 37.39) Dadurch erschließt sich das innere Königreich, und wir werden durch den Geist Christi wieder zu freien, bewußten Ebenbildern Gottes.

Durch die Erlösertat Jesu Christi ist Sein Gesetz in jeder Seele: Er ist gestorben zur Erlösung *aller* Menschen und Seelen. Daher ist der Neue Bund auch allen Menschen angeboten. Jeder, der Sein Gebot lebt und ein Leben in Seinem Geiste führt, geht diesen Bund ein und *erfährt* die Erlösung an sich selber – der Geist der Freiheit, der Geist Christi, wirkt in ihm und durch ihn.

3. Judentum und Christentum zur Zeit des Neuen Bundes

Das Volk Israel erkannte Christus, den Sohn Gottes, nicht; im Buchstaben gefangen, erkannte es nicht den lebendigen Gott, der unter den Juden lebte und wirkte. Vielmehr lehnten sie Ihn ab und jene, die dem Nazarener bedingungslos nachzufolgen strebten. Bis heute halten sie am Buchstaben des Alten Bundes fest und erkennen nicht, daß Gott in Christus, dem erstgeschauten Sohn Gott-Vaters, mit den Menschen den Neuen Bund geschlossen hat.

Und die Christen? Zunächst entflammte das Urchristentum, in dem der Geist Christi mächtig wirkte; die Nachfolger des Nazareners schlossen sich zu christlichen Urgemeinden zusammen, die vom lebendigen Geiste Gottes durch das Prophetische Wort geführt wurden. Doch, was geschah? Unstimmigkeiten und Streit zogen ein in das junge, dynamische Christentum – auch ausgelöst durch Saulus, der noch seine alten, römischen Vorstellungen in sich trug und erst im Laufe seines Lebens zum Paulus wurde. Wo jedoch Unstimmigkeit, also Uneinheit, ist, dort wirkt nicht der absolute Geist. So zog sich das prophetische Licht, das die Brüder und Schwestern bis dahin geführt und belebt hatte, zurück; die einhüllende Kraft, welche die Urgemeinde geschützt und gestärkt hatte, verringerte sich.

Dadurch konnten sogenannte Meinungsbildner und weltliche Machthaber eindringen, so daß das ehemals dynamische, innere Geist-Christentum mehr und mehr in äußeren Amts- und Machtstrukturen erstarrte: Eine Hierarchie entstand aus der ehemaligen Gemeinschaft von Brüdern und Schwestern, die sich als gleich vor Gott betrachtet hatten; anstelle des prophetischen Geistes des lebendigen Gottes traten äußere, von Menschen geschaffene Dogmen und Zeremonien; heidnische Kulte flossen ein; menschliches Gedankengut wurde bewußt und unbewußt mit der einst reinen Lehre vermischt usw. So erstarrte also das innere Geist-Christentum zu einer äußeren Institution mit menschlichen Machthabern, welche z. T. das Volk ausbeuteten, es durch Dogmen gefügig machten, Millionen ermordeten (Kreuzzüge, Inquisition) ...

Jedoch flammte der lebendige Geist in der Geschichte der Christenheit immer wieder auf. In vielen Sehern und Mystikern wirkte der lebendige Geist; es bildeten sich Ordensgemeinschaften, die wieder die ursprüngliche Lehre leben wollten; es entstanden Bewegungen, welche das innere Christentum anstrebten, z. B. die Katharer, die Albigenser, die Bogumilen und die Gottesfreunde. Doch es geschah ihnen, wie es Jesus bereits vorhergesagt hatte:

So, wie Er von den Juden verfolgt, verhöhnt und schließlich getötet worden war, so verfolgten, verhöhnten und töteten die kirchlichen Machthaber auch jene, die ein inneres Christentum anstrebten.*

Die Kirche wies die direkte Führung durch den Geist Gottes, wie sie im Urchristentum noch gegeben war, von sich: Sie schenkte den vielen prophetischen Sehern und Mahnern, die immer wieder auftraten – z. B. im Mittelalter Hildegard von Bingen, Katharina von Siena, Mechthild von Magdeburg, Theresa von Avila u. v. a. m. –, kein Gehör. Dadurch stempelte sie Gott – der zu allen Zeiten zu Seinen Menschenkindern gesprochen hatte, wie der Alte Bund sehr nahebringt – zu einem schweigenden, zu einem toten Gott. Die Folgen waren und sind u. a., daß die Christenheit immer unwissender wurde bezüglich geistiger Gesetzmäßigkeiten** – dies auch

---

* Vgl. Wille, Otto: Die verfolgten Nachfolger Christi. Die mystisch-gnostischen Bewegungen in der Christenheit vom 2. bis zum 20. Jahrhundert (Würzburg 1988)

** Ein Beispiel ist das Gesetz von Ursache und Wirkung, auch Gesetz von Saat und Ernte genannt: „Was der Mensch sät, wird er ernten". Es besagt, daß der Mensch all seine Leiden, Krankheiten, Nöte selbst verursacht hat – es gibt keinen strafenden und rächenden Gott. Damit zusammenhän-

deshalb, weil man die Lehre Jesu Christi bzw. das, was davon übriggeblieben ist, wohl predigte, diese jedoch – vor allem das Liebegebot – kaum verwirklichte. Der Zustand der Erde beweist es: Das massive Versagen des Christentums ist ein wesentlicher Grund dafür, daß heute nicht Friede, Liebe und Harmonie, Gleichheit, Freiheit, Einheit und Brüderlichkeit die Erde prägen, sondern Unfriede, Haß, Krieg, Zerstörung, Angst, Verunreinigung der Erde und Katastrophen.

So ist das Christentum, das sich uns heute zeigt, allgemein gesprochen, alles andere als ein dynamisches, inneres Geist-Christentum der Tat, wie dies Christus angestrebt hatte. Das heißt: Der Bund, den Gott den Menschen in Christus angeboten hatte, wurde von den meisten Menschen nicht angenommen, sondern gebrochen bzw. nicht erfüllt. Weder das Judentum noch das institutionelle Christen-

---

gend ist die Lehre von der Reinkarnation, d. h. der Möglichkeit wiederholter Einverleibungen einer Seele in einen irdischen Körper. Diese Realität wurde per Dogma im 5. Jahrhundert „abgeschafft". Vgl. Wagner, R.: Reinkarnation. Das Heraus- und Hineinschlüpfen in das Fleisch (Würzburg [2]1989)

tum befolgten die Gesetze Gottes, vor allem das Liebegebot; statt ihre Gläubigen zu freien Menschen des Geistes zu machen, hielten sie an Menschlichem, am Buchstaben fest, oft am selbstgeschriebenen Buchstaben – war die einst reine Lehre aus dem Geiste Gottes durch unwissende Menschen doch vielfach, unbewußt und bewußt, verfälscht worden!

So stehen heute sowohl das Judentum als auch das Christentum vor den Scherben des zerbrochenen Bundes mit Gott.

II. Gott spricht erneut durch Prophetenmund*

1. Die mächtige Zeitenwende

Die Ablehnung des Heilsangebotes Gottes in Christus, das vor nahezu 2000 Jahren an die Juden, ja an alle Menschen erging, die Ablehnung des lebendigen prophetischen Geistes – einschließlich der daraus resultierenden Unwissenheit bezüglich der geistigen Gesetzmäßigkeiten und der konkreten Möglichkeit von deren Umsetzung im alltäglichen Leben – und die mangelnde Verwirklichung der von Jesus Christus gelehrten Gesetze durch einen Großteil der Christenheit verhinderten und verhindern, daß Gott sich heute innerhalb dieser beiden großen Religionen, einschließlich ihrer vielen Sekten und Konfessionen, über Prophetenmund offenbaren kann.

Doch heute, in einer Zeit, in der Kirchen und Gesellschaft unverkennbar in einer Krise

---

* Der Inhalt dieses Kapitels ist weitgehend folgendem Buch des Verfassers entnommen: Gott sprach und spricht durch sie: Das Leben und Denken der großen Prophetin Gottes in der mächtigen Zeitenwende (Würzburg 1988)

stecken – sie sind weitgehend der inneren Werte entfremdet, sind veräußerlicht, verweltlicht –, reicht Gott, wie zu allen Krisenzeiten, erneut Seinen Kindern die Hand über das Prophetische Wort – diesmal jedoch nicht innerhalb der Institutionen, sondern außerhalb. Der Prophetische Geist weht also heute außerhalb der traditionellen Konfessionen und Religionen, weil Er über Jahrhunderte hinweg zurückgewiesen worden ist – indem man die Botschaft des Geistes nicht annahm und die Boten Gottes und viele ehrliche Nachfolger Christi verfolgte und tötete.

Heute ist zudem eine mächtige Zeitenwende im Gange: Das Fische-Zeitalter, das Zeitalter der Erlösung, geht über in das Wassermannzeitalter, das Zeitalter des Geistes. Dies spüren immer mehr Menschen auf der ganzen Erde: Viele Menschen brechen auf und suchen nach der Wahrheit; unzählige geistige Gruppen entstehen, getrieben von der Sehnsucht, dem inneren, kosmischen Wesen näherzukommen. In dieser mächtigen Zeitenwende, in welcher die Herrschaft der Materie ihren Höhepunkt erreicht hat, in welcher zugleich ihr Niedergang beschlossen ist, in der einerseits viele Menschen in geistiger Umnachtung, in Ichbezogenheit, in Sein- und Habenwollen, dahinvegetieren und andererseits viele erwachen aus Unwissenheit und Weltverhaftetsein – in dieser Zeit reicht nun Gott der Menschheit erneut die Hand. Wie zu allen Zeiten und wie vor allem zu den großen Zeitenwenden offenbart Er sich heute wieder über Prophetenmund. Aus der Fülle der göttlichen Weisheit schenkt Er den Menschen heute tiefste Belehrungen – in einer nie dagewesenen Klarheit, Detailliertheit und von einmaliger Umfassendheit.

Damit erfüllt sich heute in vollem Umfang die Verheißung des Jesus von Nazareth: „Noch vieles habe Ich euch zu sagen, aber ihr könnt es jetzt nicht tragen. Wenn aber jener kommt, der Geist der Wahrheit, wird Er euch in die ganze Wahrheit führen." (Joh 16, 12f)

Über Seine große Prophetin und Botschafterin* – Gabriele von Würzburg** – führt uns Gott heute in die ganze Wahrheit der Himmel.

---

* Ein *Botschafter Gottes* hat das absolute Bewußtsein in sich erschlossen durch ein Leben im Geiste Gottes; er ist zum Gesetz geworden. Aus dem voll erschlossenen Bewußtsein schöpfend, *lehrt* er – im Unterschied zum Propheten, durch den Gott unmittelbar hindurchspricht – kraft der Verwirklichung, Erfüllung und dem Erfülltsein die Gesetze Gottes

Durch sie, die Lehrprophetin Gottes*** in dieser mächtigen Zeitenwende, rief der Herr Sein Erlöserwerk auf Erden ins Leben – ein geistiges Werk, in dem die Menschen zu wahren, inneren Christen reifen, welche die Gesetze des Lebens erfüllen, ein Werk, durch das schließlich alle Seelen wieder ins himmlische Vaterhaus zurückkehren werden.

2. Fall, Erlösung und Heimholung

Dem Auftreten und Wirken der großen Lehrprophetin Gottes in unserer Zeit liegt ein gewaltiges kosmisches Geschehen zugrunde,

---

und den Weg nach Innen, der das kosmische Bewußtsein, Schritt für Schritt, Stufe um Stufe erschließt.

** Vgl. Wagner, R.: Gott sprach und spricht durch sie: Das Leben und Denken der großen Prophetin Gottes in der mächtigen Zeitenwende (Würzburg 1988)

*** Ein *Lehrprophet* ist ein Sprachrohr Gottes, das den Menschen den Pfad zu Gott, zum absoluten Bewußtsein, voranging und ihnen diesen daher nahebringen kann. Durch ihn offenbart Gott auch „neues" Wissen – im Unterschied zu den Künderpropheten, die aus dem bereits Offenbarten schöpfen. Der Lehrprophet ist gleichzeitig als Geistiger Lehrer (Botschafter Gottes) tätig, d.h. er lehrt die offenbarten göttlichen Gesetze und zeigt auf, wie diese im konkreten Leben umgesetzt werden können. Vgl. a.a.O., 100ff

das in der Bibel nur zum Teil und verschlüsselt enthalten ist: der Engelsturz einst reiner Geistwesen unter Satana, die Erlösertat Jesu Christi und die Heimholung aller Seelen durch Christus.*

2.1. Der Engelsturz

Der Grund nämlich, warum wir auf dieser Erde als Menschen mit einem grobstofflichen, materiellen Körper in einem materiellen Universum leben, liegt im sogenannten *Engelsturz,* im Weggang einst reiner Geistwesen aus den reinen Himmeln unter der Führung von Satana, einem lichtgewaltigen, weiblichen Engel, der nicht mehr den Willen Gottes erfüllen, sondern sein eigenes Reich gründen wollte. Dieser Eigenwille führte zum sogenannten *Fallgeschehen.* Die abtrünnigen Kinder Gottes wurden immer wieder ermahnt von den Gesetzesengeln (Cherubim); Gott reichte ihnen mehrmals die Hand. Da sie jedoch von ihrem gegensätzlichen Wirken nicht abließen, wurden sie von dem Hüter des

---

* Vgl. Wagner, R.: Gott sprach und spricht durch sie über: Den Engelsturz und die Rückkehr ins Reich Gottes (Würzburg 1987)

göttlichen Willens, auf Erden Erzengel Michael genannt, aus den reinen, lichten, feinstofflichen, siebendimensionalen Himmeln geleitet.

Infolge ihres gottwidrigen Empfindens und Handelns nahm die Lichtheit der einst strahlenden Geistwesen zusehends ab; ihr Geistleib verschattete sich, da er – wegen des negativen Wirkens – nicht mehr so wie vorher vom göttlichen Lichte, vom Geist Gottes, durchstrahlt werden konnte; dasselbe geschah auch mit den geistigen Planeten, die mit ihnen das Reich Gottes verließen.

Aufgrund des Weggangs der ehemals reinen Geistwesen entstand auch die sogenannte *Lichtmauer,* welche die reinen Himmel umschließt: Je mehr sich ein Geistwesen durch sein negatives Tun von Gott abwendet, um so mehr Energie läßt es in dieser Gesetzesmauer zurück.

Wegen der beständigen Gesetzesübertretungen der von Gott abgefallenen Geistwesen kam es zu einer immer stärkeren Verdichtung aller Formen. Die geistigen Atome rotierten nämlich immer langsamer, weil die hochschwingenden geistigen Energien heruntertransformiert wurden; und so entstanden

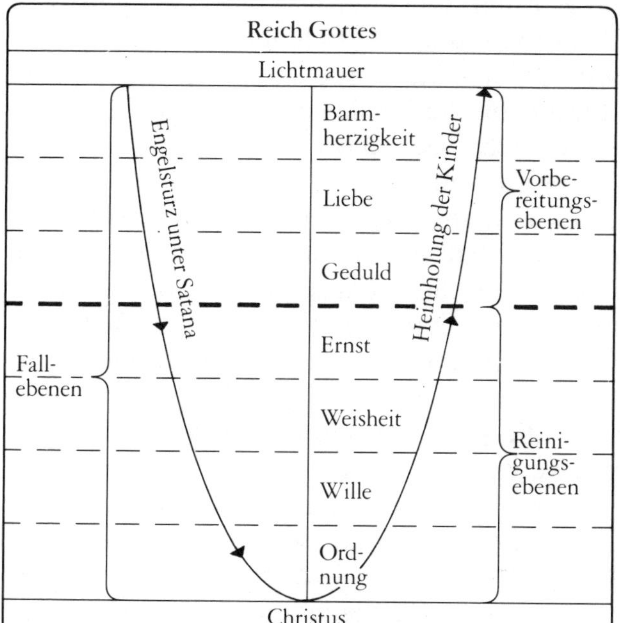

Der Engelsturz und die Rückkehr ins Reich Gottes über Christus

nach und nach, je nach Verdichtungsgrad, die sieben *Fallebenen* mit deren jeweils sieben Unterebenen.*

Parallel zur Verdichtung der geistigen Planeten reduzierte sich auch das Energiepotential der Ätherkörper der Fallwesen immer stärker, das heißt, sie verdunkelten, verschatteten sich. Der einst lichtvolle, kraftvolle Ätherleib wurde immer kleiner – und es bildeten sich um ihn sieben (mal sieben) Hüllen, die mit den Fallebenen schwingungsmäßig übereinstimmen. Dieser verschattete, eingehüllte Leib heißt *Seele.* Sie ist das Buch des Lebens, in dem sowohl die Belastungen, also die Verstöße gegen das göttliche Gesetz, als auch die positiven Geschehnisse aufgezeichnet werden.

Im Laufe der zunehmenden Verdichtung „schachtelte" sich die Seele immer mehr ein. Die sieben Hüllen – auch Seelengewänder oder *Seelenhüllen* genannt – zogen sich zu

---

* Zur Erläuterung: Es gibt sieben Grundkräfte des Lebens, von denen wiederum jede in jeder enthalten ist. Sie heißen: Ordnung, Wille, Weisheit, Ernst, Geduld, Liebe und Barmherzigkeit. Beim Fallgeschehen verschatteten sich die einzelnen Grundkräfte, die gleichzeitig Bewußtseinsbereiche sind, sukzessive – von der Barmherzigkeit bis zur Ordnung.

geistig komprimierten Punkten zusammen, die als *Bewußtseinszentren* bezeichnet werden; im Osten werden sie auch Chakren genannt. Über diese sieben Bewußtseinszentren, die wiederum den sieben Grundkräften des Lebens entsprechen, kam es schließlich zur Herausbildung des grobstofflich-materiellen Körpers: Es entstand der *Mensch*.

Die Materie ist die am stärksten verdichtete Form; sie hat nur noch eine geringe Schwingung; sie ist heruntertransformierte göttliche Energie. So ist auch der physische Körper ein niedrig schwingendes Energiefeld. Jedoch kann die Materie – und somit auch der Mensch – nur bestehen und leben, weil der Geist Gottes sie beatmet.

Der Mensch versündigte sich immer mehr gegenüber Gott, wodurch sich auch seine Erkenntnisbreite immer mehr einschränkte. Durch das Machtdenken, das Handeln im Eigenwillen, das Besitzen-, Sein- und Habenwollen, durch Sinnlichkeit und Begierden, Haß, Neid, Feindschaft usw. wurde das Bewußtsein immer getrübter und enger. Die Menschen konnten immer weniger mit den göttlichen, kosmischen Kräften kommunizieren und von ihnen gespeist werden – und so mußten sie mit ihrer Hände Arbeit und im Schweiße ihres Angesichtes ihr Brot verdienen.

Gott ließ all dies geschehen, weil Er die Freiheit Seiner Kinder anerkennt; deshalb griff Er auch nicht ein. Jedoch bot Er ihnen immer wieder Seine Hand an. So sandte Er zu allen Zeiten Lichtboten, Propheten – in die Fallbereiche und auf die Erde –, um Seine Kinder, die sich von Ihm abgewandt hatten, zu rufen, zu belehren und ihnen den Weg zurück zum wahren, ewigen Leben zu weisen. Gerade im Volke Israel traten viele Propheten auf, sogar die Cherubim der Ordnung, des Willens, der Weisheit und des Ernstes – als Mose, Elia, Jesaja, Abraham. Gott schloß den Bund mit Seinen Kindern, mit Seinem auserwählten Volk, doch die Juden brachen den Bund immer wieder – wie wir bereits gehört haben.

2.2. Die Erlösertat Jesu Christi

Im Geistigen vollzog sich daher ein Geschehen, das der Menschheit bisher nicht bekannt war: Infolge der ständigen Gesetzesübertretungen, des permanenten negativen Denkens und Lebens, verringerte sich die

Schwingung der Seelen dramatisch. Denn die geistigen Atome in den Seelen rotierten immer langsamer, da sie immer weniger göttliche Energie erhielten.

Als diese Entwicklung schließlich so weit fortgeschritten war, daß die geistigen Atome im Begriff waren zu kippen, das heißt, nicht mehr *im* Uhrzeigersinne zu rotieren, sondern entgegengesetzt, also von rechts nach links, griff Gott ein. Wäre nämlich die Linksrotation eingetreten, so hätte dies die Degeneration aller Formen und schließlich deren Auflösung bedeutet. Die Seelen hätten sich über das Tier-, Pflanzen- und Mineralreich zurückentwickelt – und alles wäre schließlich im ewigen Äther aufgegangen. Dies strebte Satana – die sich auch Luzifer, Lichtträger, nennen ließ – an. Diesen Plan schauten auch die Seher des Ostens, die vor Christi Geburt lebten. Ihre Visionen gingen in deren heilige Bücher ein; darum ist die Vorstellung von der Auflösung der Formen in den östlichen Religionen verbreitet.

Gott ist jedoch vollkommen, und Er ist Evolution. Daher ließ Er Seine Kinder, denen Er den freien Willen geschenkt hatte, nur so lange gewähren, bis sie vor diesem Wendepunkt zur Selbstzerstörung standen. Um die Auflösung zu verhindern, sandte der ewige Vater Seinen erstgeborenen Sohn ins Erdenkleid: Christus, der Mitregent der Unendlichkeit zur Rechten Gott-Vaters, kam als *Jesus von Nazareth* auf die Erde. Er inkarnierte, um die Menschheit das wahre, ewige Gesetz Gottes zu lehren und dieses auch im Menschenkleide vorzuleben.

Er war der größte Prophet und Mystiker aller Zeiten. In der Bergpredigt, die gleichsam eine Zusammenfassung Seiner Botschaft ist, lehrte Er die Menschen den Weg zu Gott, den Weg der Liebe.

Die Menschen jedoch, vor allem die Zuständigen der jüdischen Religion, die Schriftgelehrten und Pharisäer, erkannten die göttliche Botschaft nicht. Statt dessen nahmen sie Ihn gefangen und verurteilten Ihn zum Tode.

Als Jesus Christus dann auf Golgatha sprach: „Es ist vollbracht!" (Joh 19, 30), vollzog sich ein gewaltiges, uns bis vor kurzem unbekanntes Ereignis, das auf der Materie nicht sichtbar war, weil es geistig geschah – in allen verkörperten und entkörperten Seelen: Christus übertrug jeder Seele den sogenannten *Erlöserfunken* – einen Teil des göttlichen Erbes des erstgeborenen Gottessohnes. Dieser Erlöserfunke stützt und nährt seitdem die Seelenelemente und hält die geistigen Atome in der rechten Rotation. Durch die Opfertat Jesu Christi wurde also die Degeneration der Seelen aufgehalten. Der Erlöserfunke erhält nämlich die Gotteskindschaft aufrecht; diese bleibt bestehen, auch wenn der Mensch noch so sehr gegen Gottes Gesetze handelt. Dieser Erlöserfunke entfaltet seine Aktivität im Menschen vom vierten Bewußtseinszentrum aus, dem Zentrum des göttlichen Ernstes, das sich in der Herzgegend befindet – dieses wird daher auch das *Christuszentrum* genannt.

Durch die Offenbarungen Gottes, die uns heute geschenkt werden, wissen wir auch, daß das Kreuzesopfer Christi *nicht* nötig gewesen wäre, wenn Ihn die damaligen Menschen, vor allem die Juden, anerkannt hätten und Er als Sohn Gottes auf Erden hätte leben und wirken können.

Er wußte als Jesus von Nazareth den allumfassenden Heilsplan des Vaters, der die ganze Fallschöpfung wieder in die Absolutheit zurückführen wird. Doch konnte Er diesen Plan nicht offenbaren, da Ihn die Masse des jüdischen Volkes, das dem Buchstaben des Gesetzes verhaftet war, nicht annahm. Insbesondere die damaligen Autoritäten, die Schriftgelehrten und Pharisäer, tragen wegen ihrer Verstocktheit und Ungläubigkeit Schuld am Tode Jesu und daran, daß sich nicht vollziehen konnte, was möglich gewesen wäre: Den Juden, dem von Gott auserwählten Volk, mit dem Er den Bund geschlossen hatte, wäre es mit Christus möglich gewesen, alles Negative zu neutralisieren und umzuwandeln, so daß durch das Leben in und mit Gott ein blühender und gesunder Planet entstanden wäre, auf dem sich die Menschen geistig immer mehr hätten entwickeln können.

Doch weil das jüdische Volk, vor allem seine Führer, den Sohn Gottes nicht erkannten, konnte der Geist des Lebens nicht wirken – konnte die Taube des Friedens nicht über diese Erde fliegen.

Es sei noch hinzugefügt, daß wegen der Nichtannahme der erlösenden Heilslehre Christi durch die Juden auch der Osten nicht davon erfuhr – was ein Grund dafür ist, daß die Lehre von der Auflösung aller Formen dort bis heute verkündet wird.

2.3. Christus – der Schlüssel zum Tor der Absolutheit

Jesus Christus ist also der Erlöser *aller* Menschen; denn jede Seele trägt den Erlöserfunken in sich, das Erbe Christi – und dieses strebt zurück zur Absolutheit. So wird früher oder später jede Seele zurückkehren in das ewige Reich der Himmel – wie lange das dauern wird und wann das sein wird, bestimmt jede Seele selber.

Das bedeutet auch, daß es – entgegen der kirchlichen Lehre – keine ewige Verdammnis gibt; keine Seele kann auf ewig verlorengehen. Dies würde im Widerspruch zur Vollkommenheit und Liebe Gottes stehen.

Die Bestimmung jeder Seele ist es also, früher oder später den Rückweg in die ewige Heimat anzutreten. Die verschattete Seele muß sich reinigen durch Selbsterkenntnis und Verwirklichung der göttlichen Gesetze; sie muß die verschatteten Bewußtseinsbereiche in sich durchlichten und so alle sieben Ebenen durchschreiten, von Stufe zu Stufe. Mit anderen Worten: Der Erlöserfunke muß erglühen und zur hellen Flamme werden. Die Erlösung erfolgt nämlich ausschließlich durch die Christuskraft in der Seele; denn: Christus ist der Weg, die Wahrheit und das Leben.

Das bedeutet: Seit Seiner Erlösertat erfolgt die Führung zum absoluten Leben und zur Einswerdung mit dem Unendlichen, mit Gott, ausschließlich durch den Erlöser der Menschheit, durch Jesus Christus. Das heißt auch, daß es nur *einen* Meister gibt, der alle Seelen zurück zum Herzen Gottes führen kann – Er ist der Meister aller Meister, Christus, der erstgeborene Sohn Gott-Vaters, der Mitregent der Unendlichkeit.

Nur wer Ihn annimmt, kann auch die Lichtmauer passieren und durch das Rosentor in das Reich Gottes eingehen: Keiner kommt zum Vater, wenn er nicht das Gesetz der Himmel anerkennt und damit Christus als Gottessohn und Mitregenten der Schöpfung, aus dessen göttlichem Erbe jede Seele den Erlöserfunken in sich trägt. Christus ist der Hüter des göttlichen Tores; das Paradies öffnet sich nur durch den Schlüssel Christus – keiner kommt zum Vater denn durch Ihn.

3. Das Heimholungswerk Jesu Christi

Christus will also alle Menschen und Seelen zurück in die Absolutheit führen. In den Jahrhunderten nach Seinem Erdengang versuchte der Herr immer wieder, über Boten des Lichtes Seine innere Lehre neu zu beleben, welche Er verkündet und vorgelebt hatte, welche im Urchristentum gelebt, dann jedoch durch äußere Macht- und Amtsstrukturen erstickt worden war. Doch die Mahner, die Propheten und Prophetinnen, hatten, wie bereits erwähnt, wenig Erfolg: Sie wurden verfolgt – ebenso wie die von Zeit zu Zeit aufflammenden mystischen Bewegungen, welche ein inneres Christentum anstrebten; sie waren zu schwach, sich gegen die mächtige Amtskirche durchzusetzen.

3.1. Das Wesen des Heimholungswerkes Jesu Christi

Gott, der liebende Vater, jedoch möchte Seine verirrten Kinder wieder zu sich heimholen. Und so sandte Er erneut Lichtboten auf die Erde – an ihrer Spitze den Seraph der göttlichen Weisheit.* Heute, am Beginn der mächtigen Zeitenwende, in welcher der Geist Gottes immer stärker einstrahlt und alles in vermehrte Aktivität versetzt – sowohl das Positive wie das bestehende Negative kommt verstärkt in Bewegung –, treten diese Lichtboten hervor.

Durch sie, allen voran durch Seine Lehrprophetin, reicht Gott der Menschheit erneut die Hand, um ihr den Weg der Liebe, den Weg nach Innen, nahezubringen. Das Erlösungs- und Rückführungswerk, das durch das Golgathaopfer Jesu Christi eingeleitet worden war, nahm damit Gestalt an: Christus, der Erlöser aller Menschen und Seelen, bezeichnete das nun auf Erden konkret werdende Werk als *Heimholungswerk Jesu Christi.* Er erklärte dies so:

„Heimholung heißt nichts anderes als Zurückführung aller Kinder Gottes. Heimholung heißt zugleich Erlösung, Befreiung und Füh-

---

* Ein *Seraph* ist das zum Cherub (Erzengel) gehörende weibliche Geistwesen. Zusammen bilden sie ein himmlisches Fürstenpaar. Es gibt also sieben Fürstenpaare, die jeweils einer Himmelsebene vorstehen, die wiederum den sieben Grundkräften des Lebens entsprechen, also: Ordnung, Wille, Weisheit, Ernst, Geduld, Liebe und Barmherzigkeit.

rung aller Menschen und Seelen durch Jesus Christus, der Ich bin. Somit ist dieses Werk ein geistiges Werk und befreit den Menschen von jeglicher Gebundenheit, sei es an eine äußere Kirche, Sekte oder Mitgliedsvereinigung. Heimholung heißt Zurückführung durch Jesus Christus." (25.4.1980)

3.2. Die göttlichen Offenbarungen im Werk des Herrn

Das Heimholungswerk Jesu Christi ist ein geistiges Werk, ein inneres Christentum auf urchristlicher Basis, das heißt, es steht unter der unmittelbaren Führung des Gottesgeistes: Christus ist das Haupt dieses Rückführungswerkes.

Das Heimholungswerk Jesu Christi strahlte – seit Januar 1977 – viele Offenbarungen des Gottesgeistes aus, die der Menschheit ein geistiges Wissen schenkten, das an Tiefe, Klarheit und Umfang alles bisherige weit überbietet. Über alle Bereiche des Lebens, über Himmel und Erde, über die gewaltige geistige Himmelsmechanik offenbarte Er sich ebenso wie über den Aufbau der Materie bis hin zu den geistigen Atomen*; in einem gigantischen Bogen erfahren wir die Details des Engelsturzes, die innere Bedeutung der Erlösertat Jesu Christi und die Geschehnisse, die uns noch bevorstehen, ehe die ganze Fallschöpfung wieder in die ewigen Himmel eingehen wird. In allen Details werden seitdem die Gesetzmäßigkeiten des Lebens gelehrt, für sämtliche Lebensbereiche – sei es Ehe und Familie, Erziehung der Kinder und Jugendlichen oder sei es das Heilwesen oder die christliche Betriebsführung ... In Wort und Schrift fand und findet dieses hohe geistige Gut, das Er uns durch Seine große Lehrprophetin – Gabriele von Würzburg – schenkt, Verbreitung, inzwischen weltweit.

3.3. Die Christliche Mysterienschule

Das Heimholungswerk Jesu Christi strahlt auch den Weg nach Innen aus: Christus gründete Seine *Mysterienschule,* die Hohe Schule des Geistes Gottes auf Erden, in welcher der Weg zum kosmischen Bewußtsein, zur Einheit mit dem Absoluten (unio mystica) in

---

* Vgl. Wagner, R.: Gott sprach und spricht durch sie: Der unpersönliche und der persönliche Gott (Würzburg 1986)

allen Details und Stufen gelehrt wird. Diesen Weg nach Innen beschreiten inzwischen Zigtausende von Menschen auf der ganzen Erde.

Auf diesem christlich-mystischen Weg der Liebe zu Gott werden Schritt für Schritt die Schatten der Seele durchlichtet, die Gewänder der Seele abgelegt – und wir werden leichter, lichter, reiner, unser Wesen wird feiner, das Bewußtsein immer weiter und klarer ... Immer mehr erschließt sich unser wahres, göttliches Wesen, je höher wir die Stufen des Bewußtseins erklimmen. Friede, Licht und Liebe kehren ein in dem, der sich bewußt der heiligen Quelle, dem Ursprung des Lebens, nähert.

Alle wahren Mystiker strebten und streben danach, in ihr Inneres hineinzuwandern; doch nie wurde dieser Weg in allen Details und Stufen gelehrt, so, wie dies heute in der Mysterienschule Christi geschieht.

3.4. Die Innere Geist=Christus–Kirche

Das Heimholungswerk Jesu Christi brachte auch die *Innere Geist=Christus–Kirche* hervor. Sie ist ein Sammelbecken des Geistes für alle Menschen, welche ehrlichen Herzens Gott, der ewigen Wahrheit, zustreben, welche die Brüderlichkeit und das gemeinsame Gebet pflegen wollen. Die Innere Geist=Christus–Kirche hat nichts mit der äußeren Institution Kirche zu tun – es ist eine innere Gemeinschaft. Bruder Emanuel, der verantwortliche Diener im Werk des Herrn, der Cherub der göttlichen Weisheit, sprach:

„Diese Innere Geist=Christus–Kirche ist die Seelenkirche, das heißt: Alle Menschen, gleich welcher Konfession, welcher Nationalität, Rasse oder Hautfarbe, sollen in sich das Leben erkennen, es finden und leben und dadurch frei werden.

Diese Innere Geist=Christus–Kirche ist auch keine äußere Religion, sondern eine Religion des Inneren, der gemeinschaftlichen Liebe, in der die Liebe hinausgestrahlt wird zu allen Bedrängten, zu allen Notleidenden und Hilfesuchenden. In dieser Inneren Geist=Christus–Kirche sollen die Menschen erkennen, daß die innerste Kirche die Seele ist – und über die Seele sollte der Mensch den bewußten Tempel des Heiligen Geistes erfühlen, das menschliche Haus.

In dieser, von Jesus Christus erweckten Inneren Geist=Christus–Kirche gibt es weder

Zeremonien noch Riten. In ihr sind alle Brüder, und mit Jesus Christus sollen alle diese Bruderschaft pflegen, im Gebet, in dienender Nächstenliebe ... "

4. Das Universelle Leben

Das Heimholungswerk Jesu Christi ist das geistige Fundament des Erlösungswerkes des Herrn, aus dem die geistigen Gesetzmäßigkeiten über das Innere Wort Seiner Lehrprophetin, der Innere Weg in der Christlichen Mysterienschule und die Innere Geist=Christus–Kirche strömten und strömen.

Was im Geiste offenbart wurde und wird, nahm und nimmt nun seit wenigen Jahren im Äußeren immer mehr Gestalt an: Weltweit beschreiten Zigtausende von Menschen den Inneren Weg, und ein immer dichter werdendes Netz von Inneren Geist=Christus–Kirchen ist entstanden. Es entstanden und entstehen verschiedene Betriebe, in welchen die Bergpredigt gelebt wird (sogenannte Christusbetriebe), verschiedene Handwerks- und Dienstleistungsbetriebe, landwirtschaftliche Betriebe, eine Christusklinik, Kindergärten;

eine Schule ist im Entstehen ... Diese Aktivitäten, in und um Würzburg, sind Modelle für die kommende Zeit. Die Botschaft Gottes, die der Menschheit durch Seine Lehrprophetin geschenkt wurde und wird, geht in einer Vielzahl von Schriften und Cassetten in alle Welt – 1989 in etwa 40 Sprachen.

Nachdem also im Heimholungswerk Jesu Christi das geistige Fundament gelegt war, konnten darauf die Bausteine gesetzt werden, die verschiedenen Aktivitäten, durch welche das geistige Wissen im konkreten Leben Gestalt annahm und weiterhin annimmt. Deshalb sprach Christus 1984:

„*Was Ich auf dem Fundament Heimholungswerk Jesu Christi baue, ist das Universelle Leben, die Innere Religion, die wahre Weltreligion, und das Friedensreich Jesu Christi. Wer es fassen kann, der fasse es! Ich werde wahrmachen, was Ich als Jesus von Nazareth versprach, denn Ich bin der Weg, die Wahrheit; Ich bin das Leben.*"

Aus dem Fundament Heimholungswerk Jesu Christi wirkt also das Universelle Leben, das die vielen Aktivitäten für das Friedensreich Jesu Christi hervorbringt. So finden sich immer mehr Menschen zusammen, welche die Gesetze Gottes in sich verwirklichen und bestrebt sind, diese im täglichen Leben, in Betrieben und sozialen Einrichtungen praktisch umzusetzen. Sie bieten Christus ihre Dienste an und trachten danach, das Gebot „Bete und arbeite" in der Gemeinschaft von Gleichgesinnten in die Tat umzusetzen. So entsteht das Leben im Geiste Gottes auf Erden. Christus ist der Mittelpunkt – und so heißt es nunmehr *„Universelles Leben – Christus, der Schlüssel zum Tor des Lebens"*.

III. Das Friedensreich Jesu Christi

In dem Maße, in dem die Menschen mehr und mehr die Gesetze Gottes in sich verwirklichen und diese im täglichen Leben umsetzen, entsteht der Friede in und unter den Menschen. Je mehr Menschen den Weg nach Innen beschreiten, ihr menschliches Ich ablegen und die selbstlose Liebe in sich entwickeln, um so mehr ersteht das Reich der Liebe auf Erden. Durch all jene, die Christus wahrhaft nachfolgen, indem sie den Bund erfüllen, den Er der Menschheit als Jesus von Nazareth angeboten hat, entsteht das Reich des Friedens und der Liebe auf dieser Erde – das Weltreich Jesu Christi, in dem Er der Regent ist; denn: Er wird wiederkommen im Geiste, wie Er es vorhergesagt als Jesus von Nazareth.

1. Prophezeiungen des Alten und des Neuen Bundes

Bereits im Alten Bund kündigten die Propheten dieses Gottesreich auf Erden an, ebenso Jesus von Nazareth, auch der Seher von Patmos in der sogenannten „Geheimen Offenbarung“ und andere Propheten nach ihm.

Gemeinsam ist diesen apokalyptischen Worten, daß zuerst eine Zeit der großen Not, der Kriege und Katastrophen vorhergesagt wird, in der Jerusalem zerstört wird. Danach folgt dann das messianische Reich Gottes auf Erden, in dem Friede ist, in dem der Herr unter den Seinen ist, die in Seiner Herrlichkeit als Sein auserwähltes Volk leben, in dem auch ein neues Jerusalem sein wird.

1.1. Die Ankündigung des messianischen Reiches im Alten Bund

Wer kennt nicht das Wort Gottes durch Jesaja, das auch in der Offenbarung des Johannes wiederzufinden ist: „Denn schon erschaffe Ich einen neuen Himmel und eine neue Erde.“ (Jes 65, 17; vgl. auch Jes 66, 22; Offb 21, 1) Und wer hat noch nicht jene Verheißung gehört, die in einer sehr bilderreichen Sprache von dem endzeitlichen Heil kündet, vom Friedensreich auf Erden:

„Dann wohnt der Wolf beim Lamm, der Panther liegt beim Böcklein. Kalb und Löwe weiden zusammen, ein kleiner Knabe kann sie hüten. Kuh und Bärin freunden sich an, ihre Jungen liegen beieinander. Der Löwe frißt Stroh wie das Rind. Der Säugling spielt vor dem Schlupfloch der Natter, das Kind streckt seine Hand in die Höhle der Schlange. Man tut nichts Böses mehr und begeht kein Verbrechen mehr auf Meinem ganzen heiligen Berg – denn das Land ist erfüllt von der Erkenntnis des Herrn, so wie das Meer mit Wasser gefüllt ist.“ (Jes 11, 6–9)

Ein weiteres Gleichnis für das Reich Gottes auf Erden: „Die Wüste und das trockene Land sollen sich freuen, die Steppe soll jubeln und blühen. Sie soll prächtig blühen wie eine Lilie, jubeln soll sie, jubeln und jauchzen. Die Herrlichkeit des Libanon wird ihr geschenkt, die Pracht des Karmel und der Ebene Scharon. Man wird die Herrlichkeit des Herrn sehen, die Pracht unseres Gottes ... Dann werden die Augen der Blinden geöffnet, und die Ohren der Tauben sind wieder offen. Dann springt der Lahme wie ein Hirsch, die Zunge des Stummen jauchzt auf. In der Wüste brechen Quellen hervor, und Bäche fließen in der Steppe. Der glühende Sand wird zum Teich und das durstige Land zu sprudelnden

Quellen. An dem Ort, wo jetzt die Schakale sich lagern, gibt es dann Gras, Schilfrohr und Binsen ..." (Jes 35, 1f. 5–7)

Vorausgeht dem Reich des Friedens allerdings die Auslöschung alles Bösen auf dieser Erde – aller Ungerechtigkeit, des Götzendienstes, der Weltverhaftetheit.

Auch das Buch Daniel enthält viele Endzeitvisionen, Visionen, die sich beziehen „auf jene fernen Tage" (Dan 10, 14). So heißt es unter anderem auch hier: „Dann kommt eine Zeit der Not, wie noch keine da war, seit es Völker gibt, bis zu jener Zeit. Doch dein Volk wird in jener Zeit gerettet, jeder, der im Buch verzeichnet ist." (Dan 12, 1) Und der Herr sprach durch Daniel: „Die Herrschaft und Macht und die Herrlichkeit aller Reiche unter dem ganzen Himmel werden dem Volk der Heiligen des Höchsten gegeben. Sein Reich ist ein ewiges Reich, und alle Mächte werden ihm dienen und gehorchen." (Dan 7, 27)

1.2. Die Rede Jesu Christi über die Endzeit

Jesus von Nazareth, der größte aller Propheten, sprach ebenfalls von jener großen Not, die kommen wird, ehe Er erscheinen wird, um die von Ihm Auserwählten zusammenzuführen und ihnen das Reich Gottes zu übergeben. Im Evangelium nach Matthäus lesen wir:

„Denn es wird eine große Not kommen, wie es noch nie eine gegeben hat, seit die Welt besteht, und wie es auch keine mehr geben wird ... um der Auserwählten willen wird diese Zeit verkürzt werden ... Denn wie der Blitz bis zum Westen hin leuchtet, wenn er im Osten aufflammt, so wird es bei der Ankunft des Menschensohnes sein ... Sofort nach den Tagen der großen Not wird sich die Sonne verfinstern, und der Mond wird nicht mehr scheinen; die Sterne werden vom Himmel fallen, und die Kräfte des Himmels werden erschüttert werden. Danach wird das Zeichen des Menschensohnes am Himmel erscheinen; dann werden alle Völker jammern und klagen; und sie werden den Menschensohn mit großer Macht und Herrlichkeit auf den Wolken des Himmels kommen sehen. Er wird Seine Engel unter lautem Posaunenschall aussenden, und sie werden die von Ihm Auserwählten aus allen vier Windesrichtungen zusammenführen, von einem Ende des Himmels bis zum anderen." (Mt 24,21f. 27. 29–31)

Und wenn der Menschensohn kommt, wird Er sprechen: „Kommet her, die ihr von Meinem Vater gesegnet seid, nehmt das Reich in Besitz, das seit der Erschaffung der Welt für euch bestimmt ist.“ (Mt 25, 34)

1.3. Die Offenbarung des Johannes über die Endzeit und das Reich Gottes auf Erden

Johannes empfing dann eine gewaltige, sehr detaillierte, wenn auch verschlüsselte Offenbarung und Schau, die, wie es in der Einleitung heißt, von Christus stammt und dem Seher durch einen Engel des Herrn gezeigt wurde. Zunächst werden sieben Sendschreiben an die sieben Gemeinden gerichtet, worauf eine Himmelsvision folgt. Dann schreibt er von den sieben Engeln mit den sieben Posaunen; auch von den gerechten Knechten Gottes, denen „das Siegel auf die Stirn gedrückt“ (Offb 7, 3) wird* und die den Ewigen, der auf dem Thron sitzt, und das Lamm (Christus) anbeten. Es folgt eine Beschreibung des Kampfes des Satans gegen das

* Vgl. auch Offb 14, 1: „Auf ihrer Stirn trugen sie Seinen Namen und den Namen Seines Vaters.“

Volk Gottes. Nach den sieben Plagen jedoch wird der Satan in Ketten gelegt und für tausend Jahre gefesselt. Von jenen, die den Fürsten dieser Welt nicht angebetet haben, heißt es: „Sie gelangten zum Leben und zur Herrschaft mit Christus für tausend Jahre ... Sie werden Priester Gottes und Christi sein und tausend Jahre mit Ihm herrschen." (Offb 20,4.6) Nach diesen tausend Jahren jedoch wird der Satan nochmals freigelassen, bevor der endgültige Sieg über ihn erfolgt.

Nach Darlegung dieser Geschehnisse, die, wie gesagt, in verschlüsselter Form vorliegt, beschreibt der Seher von Patmos die neue Welt Gottes mit dem neuen Jerusalem: „Dann sah ich einen neuen Himmel und eine neue Erde; denn der erste Himmel und die erste Erde sind vergangen, auch das Meer ist nicht mehr. Ich sah die heilige Stadt, das neue Jerusalem, von Gott her aus dem Himmel herabkommen, sie war bereit wie eine Braut, die sich für ihren Mann geschmückt hat. Da hörte ich eine laute Stimme vom Thron her rufen: Seht, die Wohnung Gottes unter den Menschen! Er wird in ihrer Mitte wohnen, und sie werden Sein Volk sein, und Er, Gott, wird bei ihnen sein ... Er, der auf dem Thron saß, sprach: Seht, Ich mache alles neu ...“ (Offb 21, 1–3. 5) Johannes fährt fort: „Da entrückte er mich in der Verzückung auf einen großen, hohen Berg und zeigte mir die heilige Stadt Jerusalem, wie sie von Gott her aus dem Himmel herabkam, erfüllt von der Herrlichkeit Gottes. Sie glänzte wie ein kostbarer Edelstein, wie ein kristallklarer Jaspis.“ (Offb 21, 10f) Es folgt eine detaillierte Beschreibung des neuen Jerusalem, und schließlich heißt es: „Einen Tempel sah ich nicht in der Stadt. Denn der Herr, ihr Gott, der Herrscher über die ganze Schöpfung, ist ihr Tempel, Er und das Lamm. Die Stadt braucht weder Sonne noch Mond, die ihr leuchten. Denn die Herrlichkeit Gottes erleuchtet sie, und ihre Leuchte ist das Lamm.“ (Offb 21, 22 f)

1.4. Die Prophezeiung Gottes im Universellen Leben über die Zeit der Reinigung und das Friedensreich Jesu Christi auf Erden*

Heute spüren immer mehr Menschen, daß wir an einem Wendepunkt der Geschichte ste-

---

* Die Ausführungen sind weitgehend dem Buch „Gott sprach und spricht durch sie: Das Leben und Denken der großen

hen, am Beginn einer neuen, großen geistigen Epoche. Wir spüren das am zunehmenden Unfrieden, an der wachsenden Zahl von Kriegen und Katastrophen einerseits und an der steigenden Sehnsucht nach geistigem Wissen und Leben, an einem geistigen Aufbruch, andererseits.

Über die göttlichen Offenbarungen, welche der Herr der Menschheit heute durch Seine Lehrprophetin schenkt, erfahren wir, daß der eigentliche Motor dieser inneren und äußeren Vorgänge die verstärkte Einstrahlung des Geistes Gottes ist. Diese vermehrte Zufuhr von geistiger Energie regt alles zu verstärkter Aktivität an, das Positive wie das bestehende Negative: Licht und Finsternis prallen immer stärker aufeinander. Wir stehen am Anfang einer gewaltigen geistigen Auseinandersetzung. Die noch bestehenden negativen Ursachen, die in vielen Jahrhunderten geschaffen wurden durch das egoistische, machthungrige, die Schöpfung und die Geschöpfe schändende Verhalten des Menschen, werden angeregt und frei.

Prophetin Gottes in der mächtigen Zeitenwende“ entnommen, 228 ff

Gott möchte alle gerechten Menschen durch die kommende Zeit der Katastrophen führen – und so sandte Er viele Seiner Kinder ins Erdenkleid – an ihrer Spitze das weibliche Geistprinzip aus dem Strahl der göttlichen Weisheit –, um die Menschen auf diese und die kommende Zeit vorzubereiten, in der Christus wiederkommen wird im Geiste, wie Er es verheißen hat als Jesus von Nazareth. Durch Gabriele von Würzburg lehrt Er alles, was die Menschheit wissen muß, um sich zu reinigen und um in sich und auch im Äußeren das Reich Gottes erstehen zu lassen. Durch sie sagt Er auch die kommenden Zeiten voraus und was geschehen wird, bis alles wieder in die Absolutheit des reinen Seins zurückgeführt sein wird.

1.4.1. Die Völkerschlacht und das Weltreich Jesu Christi

Von der unmittelbar bevorstehenden Zeit spricht der Herr als einer *Zeit der Reinigung* – als der Erntezeit, in der die Spreu vom Weizen getrennt wird. Das bedeutet, daß die in Jahrtausenden gesetzten und noch nicht gesühnten negativen Ursachen zur Wirkung kommen werden – zum Teil geschieht dies heute schon: Gesellschaft, Wirtschaft, Wissenschaft kommen zunehmend in Bedrängnis; Unruhen, Naturkatastrophen und Seuchen (z.B. Aids) nehmen weltweit rapide zu ... Wie bei einem Gewitter werden schließlich die Aggressionen sich entzünden, die aufgestauten negativen Energien sich entladen. Die große Völkerschlacht wird ausbrechen, bei der ein Großteil der Menschen umkommen und die Erde schwer erschüttert werden wird. Viel Leid, Krankheit und Not wird über die Menschheit hereinbrechen. Naturkatastrophen werden sich mit Weltkatastrophen, mit Kriegen, Plünderungen und Unruhen abwechseln.

Doch: Das ist nicht das Ende der Welt. Denn: Nach der Völkerschlacht kommt der Christusstaat. Es entsteht das *Friedensreich*, das Weltreich Jesu Christi, dessen pulsierendes Herz das Neue Jerusalem, die Stadt Gottes auf Erden, sein wird. Es ist das Tausendjährige Reich des Friedens und der Liebe, das auf der wahren Weltreligion, der Inneren Religion, aufgebaut ist. In dieser Inneren Religion gibt es weder Hochgestellte noch Untergebene, noch Dogmen oder Riten oder andere

Äußerlichkeiten, sondern nur Schwestern und Brüder, die ein Leben des Geistes, ein Leben der inneren Weisheit und Liebe führen – ähnlich wie im damaligen Urchristentum.

Christus wird unter den Seinen wirken, und sie werden für Ihn wirken. Es wird e i n e Herde sein und e i n Hirte. Diese Zeit ist die Zeit des Erscheinens Christi. Er wird jedoch nicht erneut im Menschenkleide auftreten; Seine Wiederkunft wird vielmehr geistiger Art sein. Seine Ankunft wird von vier Posaunen – das sind die vier Wesenheitsfürsten, die Cherubim der Ordnung, des Willens, der Weisheit und des Ernstes – angekündigt werden.

Wer die inneren Ohren sodann durch ein entsprechendes Leben geöffnet hat, wird diese auch in sich hören; und wer durch das Wandeln des Inneren Pfades zu Gott den inneren Christus erweckt hat, wird auch den geistigen Christus schauen. Der Herr versicherte in Seinen Offenbarungen immer wieder sinngemäß: *„Wahrlich, Ich sage euch: Ich werde kommen, und Ich werde bewußt unter den Meinen leben, und die Meinen werden durch die Kraft des Lebens, durch die Innere Religion, zum heiligen Bewußtsein erhoben und Mich, den Christus, schauen."*

Christus, der himmlische Bräutigam, wird all jene aufnehmen, die das Öl der Erkenntnis und der Liebe in ihren Lampen haben und dem Bräutigam entgegeneilen. Dann erfüllen sich Seine Worte:

„Ich werde zu den Meinen kommen, und die Meinen werden mit Mir sein; und es wird e i n Hirte sein, Christus, und e i n e Herde, Meine Schafe.“ *

In dieser Zeit, die auch die *Zeit der Umwandlung* genannt wird, beginnt durch die erhöhte göttliche Einstrahlung alles Niedere sich in Höheres umzuwandeln. Christus, dessen Teilkraft aus der Urkraft als Erlöserfunke in jeder Seele wirksam ist, wird dann verstärkt die Umwandlung in den Seelen vollziehen. Gabriele, die Lehrprophetin Gottes, schreibt einmal:

„Dieses jetzige Menschengeschlecht wird sich zurückbilden. An seine Stelle treten in ihrer Strahlung veränderte Menschen. Es ist

---

* Viele christliche Seher der vergangenen Jahrhunderte sprachen ebenfalls davon, so z. B. auch Bartholomäus Holzhauser (1613–1668), der sagte, es werde „ein neues Jahrhundert beginnen, wo nur eine Herde sein wird und ein Hirte, welcher der Welt und allen, die guten Willens sind, den Frieden gibt, um Gott, unseren Herrn, zu verherrlichen“. Zit. in: Nigg, W.: Prophetische Denker ... 100

das kosmische Menschengeschlecht, das in seiner Strahlung über der Strahlungsintensität dieser Erde und ihrer heutigen Menschen steht ... Es ist das neue Menschentum für das neue Zeitalter. "*

Dieses kosmische Menschentum wendet das kosmische, das ewige, universelle Gesetz in der rechten Weise an:

„Der Mensch muß die kosmischen Gesetze der selbstlosen Liebe, des Friedens und der Harmonie anwenden. Er muß in allen Lebensformen das Reine, Schöne, Gute und Edle sehen und vor allem Leben Achtung haben. "**

So entsteht dann *„das geistige Geschlecht der gottbewußten Menschen"****, welche die kosmischen Gesetze leben, die selbstlose Liebe – und dieses Leben nimmt auch im Äußeren Gestalt an.

Ein weiterer Faktor ist, daß die Erdseele immer stärker ausstrahlt – wir wissen, daß der materielle Planet Erde eine Planetenseele hat, welche ein Teil eines ursprünglich lichten

---

* Gabriele von Würzburg: Gott heilt. Heilung durch den Geist Gottes ohne Medikamente und pflanzliche Stoffe (Würzburg [3]1988) 44

** A. a. O., 47

*** A. a. O., 49

Planeten der reinen Himmel ist, und daß dieser geistige Teilplanet nach außen strahlt. Wenn nun die Menschen selbstlos und friedvoll werden, sind sie mit diesem selbstlosen Kern der Erde verbunden – und es entsteht eine immer stärkere positive Strahlung, die zur Umsetzung drängt. Das heißt: Diese Strahlung möchte sich zum Wohl der selbstlos und friedvoll lebenden Menschen manifestieren.

Außerdem baut sich um die Erde eine immer stärker werdende geistige Schicht auf, eine machtvolle positive Strahlung, die aus der Liebe des ewigen Vaters und der Barmherzigkeit des Sohnes besteht – sie wird auch „Universelles Leben" genannt.

Die Strahlung dieser geistigen Schicht in der Atmosphäre und die Strahlung der Erdseele, zusammen mit der positiven Strahlung, die von selbstlosen und friedvollen Menschen ausgeht, bewirken, daß auf der Erde das Reich des Friedens entsteht.

1.4.2. Die Auflösung der Materie und die Umwandlung zur Feinstofflichkeit

Nach dieser Zeit des Friedens und der Liebe auf Erden werden die finsteren Seelen noch einmal die Gelegenheit haben, sich auf diesem Planeten zu inkarnieren – während des Tausendjährigen Reiches war dies nicht möglich, da in dieser Zeit nur bewußtseinsmäßig höher entwickelte Seelen auf der Erde lebten und diese nach dem Gesetz, daß Gleiches Gleiches anzieht, keine stark belasteten Seelen anziehen konnten. Die Zeit jedoch, in der sich die Finsternis noch einmal am Lichte messen darf, wird relativ kurz sein – Christus und Seine Getreuen werden dann endgültig den Sieg erringen.

Dann wird die Kraft des „Es Werde", der göttliche Wille, die Umwandlung der Materie vollziehen. Das bedeutet, daß wegen der extremen Verdichtung – die infolge des jahrtausendelangen gegensätzlichen Lebens der Menschen entstanden ist – die Erdseele ihre materielle Umhüllung abschütteln wird, ähnlich wie die Seele des Menschen eines Tages ihren Körper ablegt. Das heißt, daß sich große Katastrophen ereignen werden: Die Erde wird sich aufbäumen; die Pole werden springen, und die Erde wird überflutet werden.

Dann werden die drei weiteren Posaunen Gottes – die Cherubim der Geduld, der

Liebe und der Barmherzigkeit – ansetzen und die vielen, welche sich nun auf anderen Ebenen, in den Astralbereichen, befinden, dazu aufrufen, geistig zu reifen und tiefer in das Bewußtsein Gottes einzudringen.

Die Vollmaterie mit der Erde beginnt sich dann aufzulösen, und die teilmateriellen Bereiche erlangen nach und nach die Umwandlung, Verfeinerung und Durchlichtung – die Verwandlung in die reinen, göttlichen Formen, in denen wieder das ewige Gesetz voll wirksam ist; sie können dann wieder, wie vor dem Fallgeschehen, vollkommen vom ewig lichten Geist Gottes durchströmt und belebt werden.

Die einzelnen Fallebenen – von der Ordnung bis zur Barmherzigkeit – werden sich also auflösen; ihr Energiezustand wird wieder auf das ursprüngliche, gesetzmäßige Niveau gebracht. Alle heruntertransformierten Energien werden somit vom Geist Gottes wieder in die göttliche Schwingung erhoben.

Das Licht hat dann endgültig gesiegt. Das Drama des Sündenfalls ist beendet – und die Freude in den Himmeln über die Rückkehr der abtrünnigen Kinder Gottes wird unsagbar groß sein.

Soweit die äußerst knappe Schilderung der Geschehnisse, die uns in den vergangenen Jahren durch die Lehrprophetin Gottes in dieser mächtigen Zeitenwende – Gabriele von Würzburg – vorhergesagt sind. Wir erkennen in diesen gewaltigen Prophezeiungen, daß Gott das, was Er durch die Propheten des Alten Bundes, durch Jesus von Nazareth und durch Johannes offenbart hatte, inhaltlich weiterführt und erheblich vertieft; die Bildersprache wird mehr und mehr entschlüsselt; die Schilderungen werden konkreter und detaillierter. Heute können dies sehr viele verstehen, aufgrund ihres gereiften Bewußtseins; vor nahezu 2000 Jahren hätten die Menschen wenig davon verstanden. So erfüllt sich heute das bereits zitierte Wort Jesu: „Noch vieles habe Ich euch zu sagen, aber ihr könnt es jetzt nicht tragen. Wenn aber jener kommt, der Geist der Wahrheit, wird Er euch in die ganze Wahrheit führen.“ (Joh 16, 12 f)

Heute ist der Geist der Wahrheit gekommen. Aus dem Füllhorn der göttlichen Weisheit schenkt uns Gott, der Herr, alles Wissen; Er lehrt uns die ewigen Gesetzmäßigkeiten und den Weg nach Innen, zum kosmischen Bewußtsein. Und da heute immer mehr Menschen Ernst machen mit der Nachfolge des Nazareners, ersteht nun das Reich des Friedens Schritt für Schritt. Die durch den Inneren Weg erschlossenen Werte des Friedens und der Liebe nehmen nun mehr und mehr im Äußeren Gestalt an – unter der unmittelbaren Führung durch die göttliche Weisheit, durch Christus und durch Gott-Vater selber.

2. Die christliche Urgemeinde Neues Jerusalem

Auf dem geistigen Fundament des Heimholungswerkes Jesu Christi entstand also das Universelle Leben. Die Verwirklichung des offenbarten geistigen Gutes, das im Inneren Erschlossene nimmt im Äußeren immer mehr Gestalt an. Da wir hier auf Erden u. a. des Obdachs, der Nahrung und der Kleidung bedürfen, entstanden und entstehen hierfür verschiedene Betriebe und Aktivitäten, die von dem Leben im Geiste Gottes erfüllt und durchdrungen sind; das ist entscheidend. Christus legte dar:

„Wenn nun in der irdischen Welt Gebäude und Einrichtungen entstehen, Kindergärten,

Kinderhorte, Schulen, Kliniken, Altenheime, Betriebe, Bauernhöfe und Stätten des Verkaufs, so ist entscheidend, daß in diesen äußeren, für die Menschen notwendigen Einrichtungen das innere Reich gelebt wird, das heißt die Gesetze der Liebe und des Friedens befolgt werden.

Weil sich die Menschen bemühen, die Gesetze der Liebe zu verwirklichen und zu erfüllen und in die Tat umzusetzen, werden die äußeren Erscheinungsformen von der Kraft des Christus durchdrungen sein. Auf diese Weise entsteht die Gemeinde des Herrn und der Christusstaat."*

So wurde am 8. November 1987 in Würzburg die erste christliche Urgemeinde im Friedensreich Jesu Christi gegründet – die Gemeinde *Neues Jerusalem*. Die Verantwortlichen und Mitverantwortlichen der christlich geführten Betriebe sowie andere Geschwister, die bereits Verantwortung im Werk des Herrn übernommen hatten, kamen damals auf Seinen Wunsch hin zusammen, um diese erste Urgemeinde zu gründen –

---

* Der Hirte und Seine Herde. Die Gemeindeordnung für das Friedensreich Jesu Christi (Würzburg [2]1988), 17 f

die Keimzelle des Friedensreiches Jesu Christi auf Erden.

Die Gemeinde des Herrn ist ein freier – innerer und äußerer – Zusammenschluß derer, die Seinen Willen konsequent erfüllen und Sein Reich im Inneren und im Äußeren erstehen lassen wollen. Es gibt hier keine beitragszahlenden Mitglieder, sondern *Glieder* der Gemeinde; sie sind bewußte Zellen am geistigen Leibe des Herrn.

Für die Urgemeinde des Herrn gelten die Grundprinzipien: Gleichheit, Freiheit, Einheit und Brüderlichkeit. Das heißt: Es gibt keine Hochgestellten und Untergebenen, keine Hierarchie, sondern nur Brüder und Schwestern. Der lebendige Geist, der uns im Inneren eint, läßt uns in Freiheit als ebenbürtige Geschwister begegnen und miteinander leben. Denn: Ähnlich wie im Himmel soll es auch auf Erden sein.

Die geistigen Ämter – Engel, Älteste, Glaubensheiler, Geistige Lehrer und Leiter der Inneren Geist=Christus–Kirchen –, das heißt die Verantwortungsbereiche in der Gemeinde, erfordern einen gewissen inneren Reifegrad, also verwirklichte Selbstlosigkeit. So haben also jene am demütigsten zu sein –

das heißt, Christus und ihrem Nächsten in selbstloser Weise zu dienen –, die sich dafür einzusetzen, daß Harmonie, Ordnung und Geistigkeit in den Gemeinden herrschen, was natürlich voraussetzt, daß sie selber die Gesetze Gottes weitgehend leben. Es gibt auch genaue Kriterien, welche die Gemeinde anlegt, wenn sie jemanden in ein geistiges Amt wählt.

In der Gemeinde des Herrn ist jeder für jeden verantwortlich. So erstarkt die Gemeinde, und es entsteht mehr und mehr eine Kette der selbstlosen Liebe, welche das Friedensreich Jesu Christi trägt und erhält.

3. Die Gemeindeordnung für das Friedensreich Jesu Christi

Das Wesen der Gemeinde sowie die Aufgaben der Glieder der Gemeinde und der Verantwortlichen sind in der von Christus offenbarten *Gemeindeordnung* „Der Hirte und Seine Herde" dargelegt. Es ist hier das Leben der christlichen Urgemeinden für das erwachende Friedensreich Jesu Christi geregelt, so die Segnung und Namensgebung der

Neugeborenen, die Erziehung der heranwachsenden Kinder, die Geistige Taufe, die eheliche Verbindung, die Bestattung der Toten und die Glaubensheilung, das Abendmahl und die Kriterien für die Verantwortlichen der Gemeinde, das heißt für den Engel der Gemeinde, für die Ältesten, die Glaubensheiler, die Geistigen Lehrer und die Leiter der Inneren Geist=Christus–Kirchen sowie für die Glieder der Gemeinde.

Die Gründung der ersten christlichen Urgemeinde im Friedensreich Jesu Christi ist ein Höhepunkt in der Geschichte der Menschheit und die Gemeindeordnung eines der wertvollsten Schriftstücke, die es auf Erden gibt, ein Werk, das jetzt und in Zukunft Gültigkeit hat – für die erste Urgemeinde, für die weiteren Gemeinden und für das erwachende Friedensreich Jesu Christi, das daraus hervorgeht. Im Nachwort der Gemeindeordnung heißt es:

„Die Gemeinde des Herrn ist im Entstehen. Sie ist der Kern des inneren Lebens, ein Teil des ewigen Jerusalem auf dieser Erde.

Das Jerusalem auf dieser Erde ist umschlossen von dem Friedensreich Jesu Christi, das schon von Jesaja angekündigt wurde. Im Friedensreich werden viele Gemeinden sein.

Die Gemeinden an vielen Orten dieser Erde bilden die Menschen, die ein Leben nach den göttlichen Gesetzen anstreben und diese auch halten.

Die Gemeindeordnung für den Kern des gesamten Friedensreiches, für Jerusalem auf dieser Erde und für alle Gemeinden gilt für die gegenwärtigen und zukünftigen Menschen, also für all jene, die sich um die Einhaltung der Gesetze Gottes bemühen. Es sind die Schafe des einzigen Hirten: Christus. Es ist das eine Volk in Christus – und Christus ist mit Seinem Volk ...

Da alles, was angekündigt ist, allmählich Gestalt annimmt, so gilt diese Gemeindeordnung für die Jetztzeit und für die kommenden Gemeinden in Christo.

*Die Gemeindeordnung ist das Siegel für den Christusstaat und für das Friedensreich, das Weltreich Jesu Christi.“**

Diese Gemeindeordnung wird so lange Gültigkeit haben, bis die Menschen im Friedensreich Jesu Christi ihrer nicht mehr bedür-

---

* A.a.O., 131 f

fen, weil sie die Gesetze Gottes leben: Sie haben die Ordnung in sich verwirklicht und erfüllen den Willen des Herrn, aus der göttlichen Weisheit tatkräftig schöpfend.

4. Der Engel der Gemeinde

4.1. Die Verantwortung des Engels

Geistig an der Spitze der Gemeinde steht der *Engel.* Christus beschreibt diesen in der Gemeindeordnung folgendermaßen:

„Der Engel der Gemeinde ist ein Mensch, der zu Meinem Wort geworden ist, der es verkündet und hält. Wer zum Wort Gottes geworden ist, ist weitgehend vollkommen; er ist weitgehend zum Gesetz geworden." *

Der Engel der Gemeinde hat sein Bewußtsein zu Gott erhoben, und seine Empfindungen, Gedanken und Sinne ruhen in Ihm. Wer nämlich zum Gesetz geworden ist durch Reinigung und Läuterung von Seele und Mensch, der lebt in Gott und ist ein von Gott, der das Gesetz ist, Geweihter.

---

* A. a. O., 39

Der Engel der Gemeinde trägt die größte geistige Verantwortung. In der Gemeindeordnung ist das wie folgt ausgedrückt:

„Der Engel, dessen Seele weitgehend zum Gesetz geworden ist, soll in allen wichtigen Fragen, Aufgaben und Entscheidungen beratend mitwirken. Er wird vom Absoluten Gesetz her die Gemeinde mit überwachen und bei allen schwerwiegenden Problemen der Glieder der Gemeinde das Gesetz Gottes darlegen.

*Er führt die Ältesten zur Absolutheit und lehrt die Glaubensheiler, die Geistigen Lehrer und die Leiter der Inneren Geist=Christus–Kirchen das Absolute Gesetz. Auch die Glieder der Gemeinde werden entsprechend ihrem Bewußtsein über das Absolute Gesetz belehrt.“**

4.2. Gabriele von Würzburg**

Der Engel der ersten christlichen Urgemeinde – Neues Jerusalem – ist *Gabriele*

---

* A. a. O., 122

** Vgl. Wagner, R.: Gott sprach und spricht durch sie: Das Leben und Denken der großen Prophetin Gottes in der mächtigen Zeitenwende *von Würzburg,* die Lehrprophetin Gottes in dieser mächtigen Zeitenwende. Sie ging uns den Weg zum absoluten Bewußtsein, zur unio mystica, voraus, unter der unmittelbaren Führung durch das Innere Wort. Gott berief sie zu Seiner Prophetin, wogegen sie sich lange gewehrt hatte – sie war eine schlichte Frau, ohne große Schulbildung, ohne religiöses oder esoterisches Wissen.

Als reines Geistwesen der Himmel hatte sie das Prophetenamt angenommen. Dies war als Auftrag in ihre Seele eingraviert, bis der Ruf Gottes sie ereilte. Nach langem Ringen nahm sie schließlich dieses für einen Menschen wohl schwerste Amt an und unterzog sich der intensiven Schulung durch den Gottesgeist.*

Als ihr Bewußtsein weitgehend rein war, hatte sie das Wort des Herrn in der Öffentlichkeit zu geben. Der Geist Gottes sprach gewaltig durch Gabriele und rüttelte viele Menschen auf – Anfang 1977 gab der Herr die erste öffentliche Offenbarung im Heimho-

---

* Der evangelische Kirchenhistoriker Prof. Nigg bezeichnet die Propheten als „Vergewaltigte Gottes". Nigg, W.: Prophetische Denker ... 12

lungswerk Jesu Christi. Machtvoll wirkte der Herr durch Sein Instrument. Ende 1979 begannen durch Seine Prophetin die Schulungen des Inneren Weges, welche Bruder Emanuel, der Cherub der göttlichen Weisheit, welcher gleichzeitig der von Christus beauftragte Diener in Seinem Werk ist, durch Gabriele den ersten Schülern gab – Stufe für Stufe. 1980 fand sodann die erste Innere Geist=Christus-Kirche statt. Bereits zwei Jahre später griff das Heimholungswerk über den deutschsprachigen Raum hinaus.

1984 gründete der Herr dann das Universelle Leben – auf dem geistigen Fundament des Heimholungswerkes. Gewaltig wirkte der Geist Gottes durch Seine Lehrprophetin, so daß in wenigen Jahren eine weltweite urchristliche Gemeinschaft entstand, die unmittelbar geführt ist durch den lebendigen Gottesgeist – nur so ist die rasante Entwicklung zu erklären.

Und heute führt Gott durch Seine Prophetin und Botschafterin alle Menschen, die ehrlichen Herzens sind, hinein in das erwachende Friedensreich Jesu Christi. Demütig und bescheiden erfüllt sie ihren göttlichen Auftrag, indem sie Sein Wort gibt und das Absolute Gesetz lehrt – aus Liebe zu Gott und den Menschen.

Gabriele dient dem Herrn und Seiner Gemeinde als Prophetin und als Botschafterin Gottes. Bei den Gemeindetreffen, beim Abendmahl und in vielen Schulungen der Verantwortlichen gibt sie aus der göttlichen Fülle, aus dem Absoluten Gesetz, Weisheit über Weisheit. In allen Fragen und Lebenslagen weiß sie die gesetzmäßige Antwort, schenkt sie weiterführende und aufbauende Worte; immerzu ist sie bereit, alles zu geben.

So dient Gabriele Gott und Seiner Gemeinde, damit diese zu einer kraftvollen Einheit wachsen kann, zu einer starken Kette der selbstlosen Liebe, aus welcher das Friedensreich Jesu Christi erwächst.

5. Der Auftrag der Urgemeinde Neues Jerusalem

Die erste christliche Urgemeinde im Friedensreich Jesu Christi ist also die Gemeinde Neues Jerusalem.

„Aus der Gemeinde Jerusalem wächst der Christusstaat, das Friedensreich Jesu Christi

mit seinen vielen Gemeinden in vielen Orten und Ländern dieser Erde."*

So ist also die Gemeinde Neues Jerusalem gleich einer Mutterpflanze, aus der alle weiteren christlichen Urgemeinden im Friedensreich Jesu Christi hervorgehen werden. Sie ist das zentrale, pulsierende Licht – die Quelle, aus der die Wasser des Geistes strömen in alle weiteren Gemeinden, die entstehen.

„*Das Neue Jerusalem, das Zentrum des Friedensreiches, strahlt die ewigen Gesetze in alle Gemeinden aus. Der Engel, die Ältesten, die Glaubensheiler, die Geistigen Lehrer und Leiter der Inneren Geist=Christus–Kirchen wachen darüber, daß alle Gemeinden im Reich des Herrn, im Friedensreich Jesu Christi, die Gesetze Gottes an- und aufnehmen und in rechter Weise erfüllen und diese in die Tat umsetzen.*"**

Die Urgemeinde Neues Jerusalem trägt die Verantwortung dafür, *daß* weitere Gemeinden *entstehen* – aus ihr als Keimzelle ersteht das Friedensreich Jesu Christi, dessen pulsierendes Herz sie ist; und sie trägt die Verantwortung für die sich bildenden Urgemeinden.

---

* Der Hirte und Seine Herde ... 20 (Präambel)
** Ebd.

Immer wieder sprach Christus, der Hirte Seiner Gemeinde, daß Er, sobald die Gemeinde gefestigt sei, die nächsten Schritte tun und weitere Gemeinden gründen werde – ein gutes halbes Jahr nach Gründung der Urgemeinde Neues Jerusalem entstand bereits die zweite christliche Urgemeinde: die Gemeinde Helios; Sie wird im Geiste geführt von Heliomé – so für die zweite Urgemeinde genannt –, dem ersten Sohn aus dem Strahl der göttlichen Weisheit, der einst als Daniel auf Erden war.

Christus gab Seiner Gemeinde Neues Jerusalem *„den Auftrag, über alle weiteren Gemeinden, die aus dem Urstrom der Erlösung entstehen, zu wachen“* – das war eine Woche vor der Gründung der Gemeinde Helios am 10. Juli 1988. Für die kommende Zeit hat der Herr bereits weitere Urgemeinden angekündigt.

IV. Das Bundesangebot Gott-Vaters an die christliche Urgemeinde Neues Jerusalem

Am 23. Dezember 1988, also ein gutes Jahr nach der Gründung der Urgemeinde Neues Jerusalem, war diese versammelt in der Nähe von Würzburg; auch viele Geschwister aus den Inneren Geist=Christus–Kirchen waren anwesend. Da ertönte das machtvolle Wort Gott-Vaters, des Vaters Ur, durch Seine Lehrprophetin und gab eine tiefgreifende, gewaltige Offenbarung – weltweit hörten diese einige tausend Christusfreunde, die mittels der Technik angeschlossen waren.

Die Mahnrede an Israel

Gott, der Herr, sprach zunächst das Volk Israel an – mit mächtigem Prophetendonner erschallte Sein Wort:

„Ich bin der Herr, euer Gott – der Gott Abrahams, der Gott Isaaks und Jakobs. Ich bin der Gott des Alten und des Neuen Bundes. Ich bin der Gott aller wahren Propheten.

Israel – du hörtest Mich durch die Propheten. Israel – in deinen Schoß gebar sich Mein Sohn ein. Israel – du hattest die Geschlechter. Wahrlich, Ich sage dir, Israel: Du warst begnadet von Mir; doch du hast nur gehört und genommen den Schatz der Himmel. Doch angenommen hast du nicht den Sohn, Meinen Sohn, den Erlöser aller Menschen und Seelen.

Israel – die Stunde hat für dich geschlagen! Ich habe hinweggenommen das Heil und es einem anderen Land gegeben – dort, wo das heilige Leben strömt, Meine göttliche Weisheit.

Israel – beuge dein Haupt und gehe auf die Knie, auf daß du Gnade erlangst vor Mir. Denn siehe: In dieser Stunde schließe Ich einen neuen Bund mit jenen, die sich bemühen, Christus, Meinem Sohn, nachzufolgen.

Israel – gedenke dieser Stunde!"

Gott, der Gott Abrahams, Isaaks und Jakobs kündigte also dem Volke Israel den Bund auf, da es Seinen Sohn nicht erkannt hat, weil es die ewige Wahrheit nur gehört, jedoch nicht wahrhaft angenommen, d. h. verwirklicht hat. Und Gott kündigte gleichzeitig einen neuen Bund an, den Er mit jenen schließen wolle, die sich bemühen, Christus, Seinem Sohn, dem Erlöser aller Menschen und Seelen, wahrhaft nachzufolgen. Damit stellt Gott-Vater jene in die gleiche Linie wie Sein auserwähltes Volk, Israel, mit dem Er den Bund geschlossen hatte – das den Bund jedoch gebrochen hat.

Gott-Vater sprach weiter, daß Er über den Strahl der göttlichen Weisheit das Friedensreich auf den Plan rufen werde. Drei Wochen vorher hatte Christus in einer machtvollen Offenbarung in der Inneren Geist=Christus–Kirche in Würzburg die ersten Schritte Seines Friedensreiches mit einem Knäblein verglichen, das in der Wiege Heimholungswerk Jesu Christi liege und eingehüllt sei in das Universelle Leben. Daran knüpfte Gott-Vater Seine mächtige Rede an:

„Wahrlich, Ich sage euch: Das Kind Friedensreich Jesu Christi möchte sich nun aus der Wiege erheben und will durch getreue Brüder und Schwestern die ganze Welt erobern, die Erde durchlichten und das errichten, was die Propheten des Alten Bundes verkündet haben: das Friedensreich Jesu Christi, das Weltreich in Ihm. Wahrlich, Israel, Ich sage dir: Es entsteht das Neue Jerusalem in einem anderen Land!“

Diese Worte sind eindeutig und klar.

Der Ruf durch die göttliche Weisheit

Gott-Vater erklärte sodann die Bedeutung der göttlichen Weisheit – Bruder Emanuel ist der Cherub der göttlichen Weisheit; auf Erden war er als Jesaja inkarniert; Gabriele ist sein Dualprinzip; durch sie ruft Gott in die Welt, um die Kinder Gottes zu sammeln. Der Herr sprach:

„Aufgemacht hat sich der Sohn über den Strahl der göttlichen Weisheit. Über den Strahl der göttlichen Weisheit ruft Er nicht nur Sein Friedensreich, das Reich des inneren Lebens, auf den Plan, sondern Er wird all jene führen, die sich Ihm zugetan haben, indem sie sich bemühen, die heiligen, ewigen Gesetze zu erfüllen ...

Ihr Söhne und Töchter, hört die Stimme eures Herrn und Vaters! Viele von euch habe Ich durch die göttliche Weisheit gerufen. Doch es sind noch immer Meine Söhne und Töchter in der Ferne, die unmittelbar zum großen Plan Weltreich Jesu Christi gehören. Ich rufe sie in dieser irdischen Stunde:

Ihr Meine Söhne aus Mir und aus Meinen sieben Grundstrahlen: Viele von euch sind versandet auf dieser Materie. Deshalb sandte Ich euch eine Frau, die euch herausruft aus dem Sand, ja dem Sumpf der Materie und herausführt zum inneren Feuer, das Ich bin – hin zu der ewigen Kraft eures Vaters, der euch schaute, der euch schuf, der euch gab.

Ihr Menschen auf dieser Erde: eine denkwürdige Stunde! Erfasset in euren Herzen, denn der Verstand kann es nicht ergründen.

Die göttliche Weisheit – das Positiv im Geistkleide, das Negativ unter euch: eine geistige Dualität, die Dualität der göttlichen Weisheit – ist die Stammutter des Friedensreiches Jesu Christi und Christus, Mein Sohn, ist der Regent des Weltreiches Jesu Christi. Durch die göttliche Weisheit rief Mein Sohn Meine Söhne und Töchter. Sie wurden unterwiesen im Gesetz des inneren Lebens – und sie werden weiter unterwiesen werden, bis sie eins sind mit Mir, dem großen Geist."

Und Gott-Vater machte uns bewußt, in welcher Gnadenzeit wir leben, da jetzt ein Teil des Strahles der göttlichen Weisheit im Erdenkleid wirkt.

„Meine Söhne und Töchter, die ihr unmittelbar Mein Wort vernehmt: Spürt, in welcher Gnadenzeit ihr lebt! Wenige erfassen, wer unter ihnen wirkt – und wenige erfassen, daß

die große Prophetie dann zu Ende geht, wenn Mein Instrument nicht mehr im Erdenkleid ist. Es werden noch weitere Propheten sein; doch sie werden nicht mehr aus der Kraft der Allmacht geben – sie werden schöpfen aus dem, was geschöpft ist durch die göttliche Weisheit. Allmählich geht dann die Prophetie zu Ende; denn wenn das Friedensreich die Erde umzogen hat, dann fühlen sich alle Menschen in Christus und leben weitgehend die Gesetze der Himmel. Dadurch wird Friede sein.

*Wahrlich, Ich sage euch, Ich habe auch für die Zukunft, für die weiteren Geschlechter vorgesorgt. Mein Wille und der Wille Meines Sohnes war und ist, daß hinausgeht, was nun geschrieben wurde – ein großes Werkzeug der Liebe und Weisheit unter den Menschen, jetzt im Erdenkleid – einst für die Geschlechter zum Nachlesen als Historie.**

---

* Wagner, R.: Gott sprach und spricht durch sie: Das Leben und Denken der großen Prophetin Gottes in der mächtigen Zeitenwende (Würzburg 1988). Dieses Werk erschien am Tage dieser Offenbarung des Vaters. Auch Christus hatte einige Wochen vorher in einer Christusstrahlung davon gesprochen, die weltweit übertragen wurde. Er hatte damals das vom Vater ebenfalls angesprochene Buch erwähnt: „Das ist Mein Wort". Diese Offenbarung Christi berichtet von Seinem Leben, Denken und Wirken als Jesus von Nazareth (erscheint voraussichtlich Ende 1989).

Ich habe vorgesorgt, denn wenn das Friedensreich diese Erde umspannt, dann wird es keine sogenannten Institutionen Kirche geben und auch nicht mehr das sogenannte Buch, ‚Bibel' genannt. Ich habe vorgesorgt für die Meinen. Es kommt das Buch, das Wort Christi, zu euch – ‚Das ist Mein Wort' –, und ihr werdet es gegenwärtig erleben, und für die Zukunft wird es Historie sein.

O sehet, nichts kann zerstört werden! Es ist geschrieben im Buche des Lammes, und es ist hinausgetragen durch die göttliche Weisheit. Laßt die Spötter lachen! Heute lachen sie über Mein Wort – morgen weinen sie über sich selbst."

Eine mächtige Zeit ist angebrochen

Über die Stammutter – die göttliche Weisheit, den Strahl aus Gott –, von welcher der Herr gesprochen hatte, entsteht das Friedensreich Jesu Christi, an dem noch viele lichte Seelen mitwirken werden.

„Sie kommen aus allen sieben Grundkräften des Lebens. Und die kommenden Geschlechter werden e i n Volk werden, und sie

werden e i n e n *Hirten haben: Christus, – der Regent des Weltreiches Jesu Christi.“*

Das Friedensreich Jesu Christi ist bereits angebrochen – durch alle, die Ihm wahrhaft nachfolgen.

„Wahrlich, Ich sage euch: Eine mächtige Zeit ist angebrochen. Obwohl ihr noch in der Zeitenwende steht, so spürt jener, der sich Christus zuwendet, daß das Ende dieses materiellen Seins gekommen ist. Ich, der Gott der Liebe, zerstöre nicht. Durch Christus, Meinen Sohn, euren Erlöser, führe Ich euch heraus aus Angst, Not, Leid, Krankheit und Siechtum – hin zum inneren Leben, das frei macht, das Ich bin. Doch ohne euren guten Willen werdet ihr nicht herausfinden. Deshalb muß jeder bereit sein, an sich selbst zu arbeiten, so daß er mit Christus seine Seele reinigt und durchlichtet – und so beiträgt zum großen Ganzen.“

Leben oder Vegetieren

Ernst und direkt sprach sodann Gott, der Herr:

„Meine Söhne und Töchter, was wollt ihr nun tun mit eurem irdischen Leben? Wollt ihr weiterhin vegetieren wie bisher – umwoben

von eurem menschlichen Tand? Wollt ihr weiterhin so vegetieren und euch steuern lassen von niederen Kräften? Denn jeder Gedanke, der nicht in Mir ist, kann verwendet werden als Steuerung für euren menschlichen Körper. Somit richtet sich jeder menschliche, negative Gedanke also wieder gegen euch. Nennt dies Leben nicht d a s Leben – wahrlich, es ist ein Vegetieren, ein ständiges Belasten und Absacken in die Welt der Niedrigkeit.

Mein Wort ist direkt – so, wie Meine Strahlung unmittelbar ist. Wer es fassen kann, der fasse es! Wer es verwerfen möchte, der verwerfe es. Keinem bleiben die Augen verschlossen; eines Tages werden sie gewahr, wer zum Menschen sprach!"

Das Knäblein steht auf

Gott-Vater machte uns auch die wahre Bedeutung von Weihnachten bewußt – diese machtvolle Offenbarung fand ja am Tag vor dem sogenannten „Heiligen Abend" statt:

„Soll Ich, euer Herr und Gott, euch eine sentimentale Weihnacht vermitteln? Ich sandte Meinen Sohn, und Er gebar sich im Schoße Israel ein. Heute noch schauen viele Christen

in eine selbstgezimmerte Wiege und spüren noch nicht, was sich in ihnen vollzogen hat. Daher wird kommen, was Jesus angekündigt hat: Ein Volk wird wider das andere sein; Pestilenzen und vieles mehr werden sein; doch dies alles wird vergehen – und eine neue Zeit bricht an, die Zeit des Christus.

Ihr, Meine Menschenkinder, spürt den Umbruch dieser Zeit – und werdet euch bewußt, was für euch Weihnachten bedeuten soll! Sehet Weihnachten im Glanze der Erlösung, und sehet nun in der Krippe das Friedensreich Jesu Christi als Knäblein. Das Knäblein steht auf; es wandelt durch euch über diese Erde und schafft, was angekündigt ist: Sein Weltreich.“

Und Gott, der Herr, sprach:

„Meine Kinder, Meine Worte waren und sind ernst – so ernst wie die Zeit für jene ist, die sich nicht beugen wollen. Doch all jene, die sich Meinem Sohn zugewandt haben, spüren in Meinen Worten die Liebe, die durch den Strahl der Weisheit die Neue Zeit hervorbringt. Sie freuen sich, denn Mein Sohn und Ich kommen all jenen näher, die sich wahrhaft bemühen, Meinen Willen zu tun. Sie sind nicht nur frei in ihrem Herzen, sondern auch glücklich und

froh, denn sie spüren die unmittelbare Führung.“

Gottes strahlendes Ebenbild sein

Daraufhin führte unser himmlischer Vater uns in unser Inneres hinein:

„Meine Kinder, was ist Segen? Segen ist göttliche Strahlung. Ich strahle euch Meine unendliche Liebe zu, euer eigenes Erbe – das Gesetz der Liebe aus und in Mir.

Meine Menschenkinder, spürt in euer Inneres hinein: Dort berührt euch Mein Strahl, die Liebe. Die ewig kosmische Liebe ist euer Leben; denn ihr seid aus Mir, der Liebe, und werdet durch Christus zu Mir, der Liebe, finden. Wann, das bestimmst du, Mein Kind; denn du hast den freien Willen – jetzt in dieser Stunde oder in späterer Zeit, vielleicht erst in den Seelenreichen; dann, wenn du dir noch mehr Schuld aufgeladen hast. Kehr um! Spüre hinein – spür dein himmlisches Erbe: Du bist ein Kind der Himmel! Spüre Meine majestätische Kraft in dir! Sie erhebt dich; sie läßt dir bewußt werden, wer du bist. Blicke hinweg von dem kleinen, niederen Menschen, dem menschlichen Ich. Spüre, in dir will das Ich

Bin auferstehen; denn du bist Mein Kind – und du bist Mein strahlendes Ebenbild.

Mein Kind, einerlei, wo du dich auf der Erde befindest: Du bist Mein Strahlenkind. Hinweg, Mein Sohn, Meine Tochter, mit den niederen, menschlichen Gedanken, mit den Leidenschaften und Trieben! Hinweg – das ist deiner nicht würdig! Schaffe in dir selbstlose, große Gedanken, indem du dir immer und immer wieder bewußt wirst, wer du bist: ein strahlendes Kind Meiner Liebe.

Dein Vater ist der ewige Herr und Gott, der Schöpfer und Regent der Unendlichkeit, der Fürst aller Fürsten, der König aller Könige. Ich b i n , und du bist Mein Ebenbild! Sei dir deiner Herkunft bewußt, und lebe nun fortan in großen, selbstlosen Gedanken und Taten – und du wirst dein leuchtendes Erbe spüren, das Gesetz der Liebe, das Ich bin.

Mein Segen ist die Strahlung der Liebe. Mein Kind, spüre: Ich liebe dich! Und erlebst du die innere Wahrheit, dann ist dir bewußt, daß Ich dich unendlich liebe; denn Ich sandte Meinen Sohn, und Er brachte dir das Licht – und Er leuchtet dir, bis du wieder in Mir lebst, dem Urlicht, aus dem du bist. Und so bist du mit Mir: Licht und Kraft, Liebe und Weisheit –

und das, Mein Kind, von Ewigkeit zu Ewigkeit. Denn Ich bin dein Herr und Gott, dein Vater von Ewigkeit zu Ewigkeit.“

Und Gott sprach:

„Wisset, daß ihr unsterblich seid; denn ihr seid aus Mir und seid in Mir. Der irdische Leib ist zweitrangig – er soll dem Gesetz des Lebens dienen, um Instrument der Liebe eures Vaters zu sein, der euch durch Christus ruft und führt.

Freude jenen, die ihr Sinnen und Trachten Meinem Sohn geweiht haben. Furcht, Zweifel und Verzagtheit in jenen, die sich abgewandt haben und abwenden, weil sie das materielle Leben noch kosten wollen, das letzten Endes vergeht.“

Die Zweifler werden auf die Knie gehen

Und weiter sprach der Herr:

„Die Spötter werden verstummen; die Zweifler werden auf die Knie gehen. Doch jene, die wahrhaft Christus nachfolgen, werden nun bewußt geführt sein durch Mich und Meinen Sohn – denn das gelobte Land tut sich auf, das Friedensreich Jesu Christi.

Diese Botschaft ist für jene das schönste Heil, die sich Meinem Sohn zugewandt haben.

Doch diese Botschaft ist für jene, die wider Ihn sind, der größte Schreck.

Daher wachet, ihr Getreuen, und betet für eure scheinbaren Feinde; denn auch sie sind Meine Kinder. Sie kämpfen wider Mich und spüren gar nicht, daß sie ihre Pfeile gegen sich selbst gerichtet haben – denn was der Mensch sät, das wird er ernten! Und wer in seinen Wirkungen lebt, wird immer schwächer.

Denkt daran, ihr Theologen! Das Wort allein bringt euch nicht das Heil, sondern die echte Nachfolge."

Offenheit der Gemeinde Neues Jerusalem

An die Menschen in aller Welt gewandt sprach dann der Herr:

„Ihr Söhne und Töchter in dieser Welt, auf dieser Erde: Hört ihr den Ruf eures Vaters aus den ewigen Himmeln? Die Urgemeinde Neues Jerusalem bleibt offen für die Getreuen in Mir und in Meinem Sohn, die sich ehrlich bemühen, die ewigen Gesetze zu erkennen, zu verwirklichen und in die Tat umzusetzen, denn das Fundament wird sich erweitern – denn allumfassend ist das Reich Gottes, das Friedensreich Jesu Christi auf dieser Erde."

Die Offenheit der Urgemeinde Neues Jerusalem für alle, die sich ehrlich bemühen, Christus nachzufolgen, indem sie die ewigen Gesetze zu erkennen suchen und diese in die Tat umzusetzen trachten, ist ein Angebot an alle Menschen, die ernsthaft Gott zustreben.

Das Bundesangebot Gott-Vaters

Damit diese Offenheit möglich ist, ist ein starkes, stabiles Fundament nötig, eine Kette von Verbündeten im Geiste Gottes, die unter Seiner unmittelbaren Obhut und Führung stehen. Daher bot Gott, der Herr, wie Er bereits am Beginn Seiner gewaltigen Offenbarung angedeutet hatte, der Urgemeinde Neues Jerusalem den Bund mit Ihm an – den Bund für das Friedensreich Jesu Christi:

„Christus, Mein Sohn, gründete die Urgemeinde Neues Jerusalem in Mir, dem universellen Geist – ‚Universelles Leben' genannt.

Ihr Älteste, ihr Glieder der Gemeinde Neues Jerusalem, mögen Meine Worte tief in euer Inneres fallen! Ich will mit euch einen Bund schließen – den Bund für das Friedensreich Jesu Christi! Die Urgemeinde Neues Jerusalem bildet das Fundament für alle weite-

ren Gemeinden und alle Aktivitäten in den Gemeinden – und somit das Fundament für das Friedensreich Jesu Christi.

Hört, ihr Glieder der Gemeinde Neues Jerusalem, zu dieser auch die Ältesten gehören: Ich will mit euch den Bund für das Friedensreich Jesu Christi schließen – kein Geringerer als Ich, euer Herr und Gott!

Seid ihr bereit? Ja, Ich lasse euch eine geraume Zeit zur Entscheidung. Wer als Glied der Gemeinde wieder zur Gemeinde Neues Jerusalem kommt, der ist mit Mir den Bund eingegangen für das Friedensreich Jesu Christi – und ist Mir gegenüber mitverantwortlich für das große Ganze!

Denn die Zeit eilt, eure Stunden fliegen. Mein Sohn und Ich wollen durch euch mächtig wirken – denn euer kommendes irdisches Jahr soll weitere Urgemeinden in Meinem Geiste Universelles Leben hervorbringen. Doch die Glieder der Urgemeinde Neues Jerusalem sollen die Träger sein – ja, das Fundament für das Ganze.

Wachet in dieser Stunde! Denkt weise darüber nach – und laßt euer Herz sprechen! Wer wieder zur Urgemeinde Neues Jerusalem kommt, hat mit Mir den Bund geschlossen!"

An einer anderen Stelle Seiner mächtigen Offenbarung sprach Gott, der Herr:

„Meine Söhne und Töchter, empfindet Meine Worte in euren Herzen. Ich bin der Herr, euer Gott, und Ich habe mit einigen von euch schon den Bund geschlossen – und Ich werde mit jenen den Bund schließen, die wieder zur Urgemeinde Neues Jerusalem kommen. Sie sind sodann mitverantwortlich für das große Ganze. Das bedeutet: Verantwortung für das große Ganze zu tragen – heißt: mehr und mehr das Gesetz der ewigen Liebe zu erfüllen und tatkräftig, selbstlos mitzuwirken, auf daß in Bälde sichtbar wird, was die Propheten des Alten Bundes angekündigt haben und das euch wieder offenbart ist."

Und Er versicherte:

„Und wisse, Israel: Mein Wort gilt! Wisset, ihr Glieder der Urgemeinde Neues Jerusalem in Meinem Geiste: Mein Wort gilt!"

Eine gewaltige Offenbarung – durch die sehr viele Menschen berührt und betroffen waren: Gott hat dem Volke Israel den Bund aufgekündigt – vor allem, weil es Seinen Sohn, der als Jesus von Nazareth unter den

Juden lebte und wirkte, bis heute nicht anerkennt. Und Er bot Seinen heiligen Bund einem anderen Volke an, in einem anderen Land: der ersten christlichen Urgemeinde – Neues Jerusalem –, aus der nach dem Willen des Herrn das Friedensreich Jesu Christi erwächst; die Gemeinde Neues Jerusalem ist die Keimzelle für das Reich des Friedens auf Erden. Für dessen Entstehen soll nun die Gemeinde des Herrn Verantwortung übernehmen – nicht nur die in die Verantwortung Gewählten, sondern alle Glieder. Doch ist dies ein Angebot an jeden einzelnen, das er gemäß seinem freien Willen annehmen kann oder nicht.

V. Der Bundesschluß der Urgemeinde Neues Jerusalem mit Gott-Vater

Gott-Vater hat also der Urgemeinde Neues Jerusalem den Bund für das Friedensreich Jesu Christi angeboten. Gabriele, die Lehrprophetin Gottes, unsere Schwester, erläuterte den Gliedern der Gemeinde bei zwei der folgenden Gemeindetreffen, was es bedeutet, wenn jemand diesen Bund mit Gott schließt.

1. Die Bedeutung des Bundes für den einzelnen

1.1. Freiheit in Gott

Unsere Schwester machte uns zunächst bewußt, daß Gott ein freier Gott ist, der an nichts – auch nicht an Menschen – gebunden ist, und daß wir freie Kinder Gottes sind. Jedem sei es freigestellt, dieses Angebot Gottes anzunehmen oder nicht. Der Bund mit

Gott soll also *freiwillig* geschlossen werden; denn jeder trägt selbst die volle Verantwortung für alle Konsequenzen.

Am 23. Dezember hatte der Vater gesagt: „*Mein Wort gilt!*" Gott steht also zu Seinem Wort – und Er nimmt uns als Seine Kinder, denen Er den freien Willen gab, ernst: Er nimmt auch uns beim Wort und baut auf unser Ja. Denn wenn wir Gott das Ja geben, sagen wir ja zum ewigen Gesetz, das Gott ist. Gabriele machte den Anwesenden bewußt, *wem* wir dieses Ja geben: Gott, dem ewigen, allmächtigen, allgegenwärtig wirkenden, allweisen Vater, der das Absolute Gesetz ist, die vollkommene Liebe, in der alle sieben Grundkräfte vereint sind, dem Schöpfer der Unendlichkeit, dem Allerhöchsten und Heiligen, der wirkt von Ewigkeit zu Ewigkeit.

Wenn wir also den Bund mit Gott schließen, so bedeutet dies, daß wir Gott an die erste Stelle in unserem Leben stellen. Gabriele sprach:

„Es bedeutet für uns: Gott ist maßgebend in unserem Leben. Gott steht vor unseren Wünschen und Sehnsüchten; Gott steht vor unseren menschlichen Gedanken – Gott steht vor allem, was wir als Menschen tun wollen."

Wer also seine menschlichen Wünsche, Meinungen, Vorstellungen vor Gott stellt, der bricht den Bund mit Gott.

1.2. Für den Nächsten sein

Ja zu Gott bedeutet auch ein Ja zum *Nächsten* – denn Gott ist in jedem Menschen; Er ist in allem, was ist. Wer also seine Mitmenschen abwertet, sie verurteilt, mit ihnen rechtet oder gar Streit und Haß pflegt, der bricht den Bund mit Gott. Den Bund mit Gott schließen bedeutet jedoch nicht nur, nichts *gegen* seinen Nächsten zu haben; vielmehr sollten wir *für* unseren Nächsten sein – denn wer nicht für seinen Nächsten ist, der ist auch nicht für Gott. Nächstenliebe ist also gleichzeitig Liebe zu Gott.

Dann bilden wir einen festen Verbund – vergleichbar den Steinen eines Mauerwerks –; wir sind mit unserem Nächsten im Inneren verbunden. Sind wir mit unserem Nächsten verbunden, so sind wir uns gegenseitig Stütze und Halt; das heißt: *für* den Nächsten sein. Daraus erwachsen Verständnis, Wohlwollen und Toleranz allen Menschen gegenüber – gleich, ob sie uns verleumden oder wohlgesonnen sind, ob sie unseren Weg verneinen und diesen lächerlich machen oder ob sie ihn bejahen und mit uns gehen. Gabriele sprach:

„Wenn ich mit meinem Nächsten verbunden bin, einerlei, welche Weltanschauung er hat, welche Religion, welche Vorstellungen und Meinungen, dann ist mir mein Nächster nicht gleichgültig. Ich spüre: Das Positive in ihm ist auch in mir – und umgekehrt: Mein Positives ist auch in meinem Nächsten. Gehe ich gegen meinen Nächsten vor, so gehe ich gegen mich selbst vor und damit auch gegen Gott.

Wenn ich nun den Bund mit Gott schließe und ich bin gegen meinen Nächsten, in Gedanken, Worten und Handlungen, dann richtet sich das gegen mich selbst – und ich richte mich gegen Gott; ich bin also gegen Ihn."

1.3. Einheit in der Gemeinde

Für den Nächsten sein bedeutet – auf die Gemeinde bezogen –, daß jeder für jeden *verantwortlich* ist. Denn: *„Das Friedensreich Jesu Christi besteht nicht aus Steinen; es besteht aus Menschen – und somit ist jeder für jeden* *mit verantwortlich.*“ In der Praxis heißt dies, daß ich die Pflicht habe, den Nächsten darauf aufmerksam zu machen, wenn ich sehe, daß – obwohl er den Bund mit Gott geschlossen hat – ihm das Menschliche, die Welt, wichtiger ist als Gott.

Im Grunde ist jeder ungöttliche Gedanke eine Einfallspforte für den Fürsten dieser Welt. Denn: Wer nicht *für* Gott ist, der ist *gegen* Ihn und somit für die Finsternis, der wir die Möglichkeit geben, uns zu gebrauchen und zu steuern. Sprechen wir das Fehlverhalten unseres Nächsten nicht an, so geben wir der Finsternis die Möglichkeit, daß andere Glieder der Gemeinde darin verwickelt werden und so ein sich vergrößernder Störfaktor der Harmonie entsteht – ähnlich wie ein fauler Apfel andere Äpfel ansteckt. Darum sind Vertrauen, Ehrlichkeit, Offenheit und Wohlwollen, eben die Liebe untereinander, wesentlich in der Gemeinde des Herrn.

1.4. Absolute Nachfolge Christi

Menschliches Fehlverhalten – also egoistisches Empfinden, Denken, Reden und Handeln – ist ein Störfaktor in der Gemeinde des Herrn und behindert somit das Wachstum des entstehenden Friedensreiches. Jedoch ist noch keiner vollkommen; jeder hat noch seine Fehler und Schwächen. Wer jedoch den Bund mit Gott geschlossen hat, wird diese nicht mehr pflegen; er wird nicht mit dem Menschlichen spielen und kokettieren. Vielmehr wird er – aus Liebe zu Gott und zum Nächsten – die auftretenden Schwierigkeiten so schnell wie möglich bereinigen.

Treten z.B. Unstimmigkeiten zwischen Geschwistern auf, so sollten diese sogleich behoben werden; denn der Friede in uns und unter uns ist die Voraussetzung, daß das Reich des Friedens auf Erden entstehen kann. Und fällt einer, der den Bund geschlossen hat, einmal hin, so wird er nicht liegenbleiben, sondern er wird sofort wieder aufstehen – gestützt von Geschwistern, die mit ihm im Inneren verbunden sind.

„Wenn wir uns bemühen, tagtäglich das Menschliche mit Christus zu besiegen, mit unserem Nächsten Frieden zu halten, wenn Schwierigkeiten zugrunde liegen, sie so rasch wie möglich zu bereinigen – dann kommen wir in die unmittelbare Führung Gottes, und wir werden sehr rasch spüren, daß wir Sein

auserwähltes Volk sind. Dann erhält jeder von uns immer mehr geistige Energie, und jeder von uns wird tatkräftig für das große Ganze. Ihn interessiert dann nicht mehr das kleine, einengende Menschliche, das aus dem menschlichen Ich heraus entstanden ist – er sieht das große Ganze, weil er im Geiste wächst und im Geiste groß geworden ist."

So bedeutet, den Bund mit Gott für das Friedensreich Jesu Christi zu schließen, die absolute Nachfolge Christi – das tagtägliche Bekämpfen des Negativen, die Kreuzigung des menschlichen Ichs und die schrittweise Auferstehung Christi in uns. Den Bund schließen bedeutet, sich zu bemühen um die vollkommene Entfaltung der selbstlosen Liebe, woraus die geschwisterliche Einheit entsteht, die das positive Kraftfeld ist, in dem und aus dem das Friedensreich Jesu Christi erwachsen kann.

1.5. Das auserwählte Volk

Gott hat die Urgemeinde Neues Jerusalem erwählt, Sein auserwähltes Volk zu sein. Jeder, der Ihn wählt, indem er den Bund mit Ihm schließt und Seine Gesetze hält, der ist auserwählt und gehört dem auserwählten Volke an. Gabriele sprach:

„Gott hat uns den Bund angeboten; Er hat die Urgemeinde Neues Jerusalem erwählt. Wählen wir Ihn, indem wir ja zu Ihm sagen, dann sind wir das auserwählte Volk ... Sind wir das auserwählte Volk, dann stellen wir Gott an erste Stelle – vor unser Menschliches, vor unsere Wünsche, vor Streit und Zwistigkeit –; dann spüren wir auch Gottes Allgegenwart in der Gemeinde Neues Jerusalem und in jedem, der auserwählt ist, denn dann erst kann Gott durch uns unvorstellbar Großes tun. Wir werden dann zu einem mächtigen positiven Energiepotential, das ausstrahlt und anzieht."

Und Gott führt Seine auserwählten Kinder, die Seinen Willen tun. Er führt sie über das Prophetische Wort Seiner Sprechwerkzeuge – und wenn der einzelne ins Absolute Gesetz gewachsen ist durch die absolute Nachfolge Christi, wird er unmittelbar im eigenen Inneren geführt.

Jeder, der ehrlich bestrebt ist, Seinen Willen zu tun, der erhält die göttliche Kraft, sowohl das Menschliche zu lassen als auch tatkräftig mitzubauen am Reich Gottes auf Erden. Er ist sodann ein Instrument, ein Werkzeug Gottes, das für Ihn wirkt und durch das Er vieles bewirkt, was zum Aufbau des Friedensreiches Jesu Christi erforderlich ist. Gott benötigt viele dieser Instrumente; daher erging der Ruf an die Seinen, die sich aufgemacht haben, das Gottesreich auf Erden zu errichten: Er hat die Gemeinde Christi erwählt, um mit ihr den Bund zu schließen – den Bund für das Friedensreich Jesu Christi.

1.6. Ein ewiger Bund

Wer den Bund mit Gott schließt, der ist mit Gott bewußt verbunden und verantwortlich für das Erlöserwerk Jesu Christi. Das heißt: Dieser Bund gilt! Gleich, ob wir uns später anders entscheiden: Der Bund gilt vor Gott; denn Er nimmt uns beim Wort. Was bedeutet dies nun im Geistigen?

Im selben Augenblick, in dem wir ja zu Gott sagen, wird unvorstellbar vieles in Bewegung gesetzt. Unzählige Geistwesen werden aktiv, und sehr viele Menschen werden in ihrem Inneren berührt – jene Menschen, die unserem Bewußtsein entsprechen. Jeder hat ja eine bestimmte Wesensart und ein bestimmtes Bewußtsein. Diese Aspekte in jedem einzelnen strahlen aus durch das Ja zu Gott und suchen sich die Menschen und Seelen, welche unserer Mentalität entsprechen. Die vielen Geistwesen wirken dabei mit und geben den einzelnen Menschen, die unserem Bewußtsein entsprechen, immer wieder Impulse; die Schutzgeister versuchen, diese so zu führen, daß sie geistig erwachen und zu suchen beginnen. Wenn wir uns nun – durch die tägliche Nachfolge Christi – weiterentwickeln, so werden diese berührten Geschwister durch einen geistigen Magnetismus angezogen ... nach dem geistigen Gesetz, daß Gleiches zu Gleichem zieht. Kommen diese dann auf uns zu, so haben diejenigen, die angezogen haben, die Aufgabe, sie zu führen und ihnen durch ihr Vorbild den Weg in ihr Inneres, zu Gott, zu weisen.

Brechen wir in der Zwischenzeit unser Versprechen, das wir Gott durch unser Ja gegeben haben – weil wir das Menschliche vor Gott stellen, weil wir Schwierigkeiten nicht bereinigen und uns nicht ändern –, so tragen wir dennoch die Verantwortung für all jene Menschen und Seelen, die sich infolge unseres Ja-Wortes aufgemacht haben, die wir hätten ein Stück ihres Weges zu Gott begleiten sollen. Dies werden wir wiedergutzumachen haben.

Jeder, der den Bund mit Gott schließt, ist mitverantwortlich für das Entstehen des Friedensreiches Jesu Christi auf Erden – und er ist auch Träger für das Werk der Erlösung. Und das Erlösungswerk Jesu Christi enthält alle sieben Stufen – bis hin zum Rosentor, das in die Absolutheit der reinen Himmel führt; der Bogen ist gespannt von der Stufe der Ordnung, der auch die Materie mit der Erde angehört, bis hin zur Stufe der Barmherzigkeit. Jeder, der also den Bund mit Gott schließt, den Er Seiner Gemeinde angeboten hat – und jeder schließt den Bund freiwillig –, der ist mitverantwortlich im Rückführungswerk des Herrn. Gabriele sprach:

„Wenn wir den Bund schließen, dann sind wir eingebunden in das Erlöserwerk Jesu Christi und sind mit Christus in der Zurückführung der Seelen bis zur Absolutheit.“

Daher ermahnte Gabriele wiederholt die Gemeinde des Herrn, dieses Ja nicht leichtfertig zu sprechen. Das Jawort setzt sich fort im Erlöserwerk Jesu Christi und im Friedensreich. Das Jawort bleibt – einmal gesprochen – in die Seele eingraviert; es kann von uns nicht mehr getilgt werden, gleich, was wir denken oder tun.

Wer den Bund hält und Seinen Willen tut, durch den wird Gott scheinbar Unmögliches vollbringen – gemäß den Worten Jesu, daß wir noch weit größere Dinge vollbringen können als Er.

1.7. Gabrieles Weg als Symbol

Gabriele hatte am eigenen Leibe erfahren, was es heißt, zu Gott ja zu sagen. Sie berichtete, daß der Herr ihr, einige Wochen nachdem bei ihr das Innere Wort durchgebrochen war (1975), genau erklärt hatte, daß auf sie Angriffe zukommen würden, daß sie verleumdet, verhöhnt und verspottet werden würde, so, wie es auch Ihm ergangen sei. Er hatte ihr detailliert vorausgesagt, was in den kommenden Jahren geschehen würde. Und Er hatte sie gefragt: „Willst du das Kreuz mit Mir tragen?" Gabriele hatte die Tragweite damals nicht erfaßt, als sie – ihrem Inneren folgend – sprach: „Ja, ich will das Kreuz mit Dir tragen."

Als dann später die Offenbarungen gegen die Kirchen kamen, wollte sie diese nicht aussprechen, doch der Herr zwang sie dazu – sie hatte ja gesagt. Die Verleumdungen kamen, böswillige Angriffe vor allem seitens vieler Kirchenfanatiker. Sie lag darnieder und litt unsagbar. Gabriele sprach damals, daß sie alles für Ihn tun wolle, den niedrigsten Dienst – nur sich nicht vor die Menge stellen und Sein Wort geben. Doch der Herr erinnerte sie an ihr Versprechen – auch an jenes, welches sie bereits als reines Geistwesen in der ewigen Heimat gegeben hatte: Ihm als Lehrprophetin auf Erden zu dienen.

So sprach der Herr: „Du gehe und tue, was du in der Heimat angenommen hast! Es ist nur der Mensch, der sich wehrt – Ich achte auf die Seele. Gehe!“

Erst als der Widerstand ihres Menschen gebrochen war und Gabriele wieder sagte: „Ja, Herr, Dein Wille geschieht!“, da ging es von einem Tag zum anderen bergauf – Freude und Dankbarkeit zogen ein.

Als dann die Angriffe seitens der Kirchen kamen, fragte sie, ob dies denn sein müsse – und der Herr sprach sinngemäß: „Es muß so sein. Du hast es angenommen. Du hast in der Heimat dazu ja gesagt; du hast das Ja in den Auftrag eingebracht – und es kann nicht von dir genommen werden. Du hast ja gesagt, Zielscheibe zu sein für das große Ganze. Jetzt tue es! Ich kann es dir nicht nehmen. Deine Seele will es tun – nur du, der Mensch, nicht."

Diese Erfahrungen Gabrieles, die dieses Los mit allen wahren Propheten teilt, vermittelten der Gemeinde eine Ahnung von dem, was auf *den* zukommen kann, der den Bund mit Gott schließt. Zwar besteht insofern ein Unterschied, als der Auftrag bei Gabriele bereits in der Heimat in ihr Inneres eingraviert wurde, da sie diesen dort freiwillig angenommen hatte, dies wohl aber bei nicht allen Gliedern der Gemeinde so ist, sie also die Möglichkeit der Entscheidung haben.

Doch sollten diejenigen, welche den Bund mit Gott schließen, dies ehrlichen Herzens und aufrechten Mutes tun und bereit sein, sich ganz und gar für Christus einzusetzen – und alle Konsequenzen im Vertrauen auf Ihn zu tragen.

2. Christus, unser Bruder

Drei Wochen nach dem Bundesangebot Gott-Vaters traf sich ein Teil der Gemeinde

Neues Jerusalem zum Wochenrückblick und zum Abendmahl. Es war die erste Versammlung nach jener mächtigen Offenbarung. An diesem Abend sprach Gabriele:

„Liebe Geschwister, wie würden wir nun denken und wie würden wir handeln, wenn nun plötzlich, vom Himmel her, sich eine Strahlung mitten im Raum manifestieren würde? Wir sehen nur ein Licht, und dieses Licht wird plötzlich ganz lebendig. Es beginnt, sich harmonisch zu bewegen; es wird immer leuchtender und strahlender – ganz gebannt schauen wir auf das sich bewegende Licht. Was kristallisiert sich aus diesem Licht heraus und nimmt letzten Endes dieses gesamte Licht in sich auf – Christus. Wir schauen Christus! Er hebt Seine Arme empor, strahlt uns an und segnet uns. – Denken wir nun nach: Wie wäre unser Empfinden, wie würden wir reagieren?

Er ist da, Er strahlt uns an. Er segnet uns. Er lächelt uns an und sagt: ‚Ich bin euer Bruder.'

Was würden wir nun sagen? ‚Ja, Du bist unser Bruder'; und vielleicht würde jeder einzelne sagen: ‚Ja, ich bin dein Bruder' – ‚Ja, ich bin deine Schwester'. Und der Herr würde sagen: ‚Bruder, Schwester, folge Mir nach!'

Und wir schauen auf Ihn; Er lächelt uns an und sagt: ‚Folge Mir nach!‘

Glaubt ihr nicht auch, daß plötzlich alles Menschliche abfallen würde? Wir schauen Ihn – Er lächelt uns an. In Ihm ist Gewißheit, Klarheit, Sicherheit, Kraft, Beständigkeit, Schutz und die unendliche Liebe des Vaters.

Was würden wir tun? Würden wir zu Ihm sagen: ‚Warte noch ein Weilchen; ich muß erst dies oder jenes bestellen‘. ‚Warte noch ein Weilchen; ich muß erst meine menschlichen Gedanken ausdenken‘. ‚Warte noch ein Weilchen; ich muß mich erst mit meiner Frau, mit meinem Mann versöhnen‘? Ich glaube, die meisten würden spüren: Wir folgen Ihm nach, und durch Seine Kraft und Liebe werden wir alles lösen und bereinigen, wenn die Zeit da ist.

Wir spüren, daß Er uns dann sagen würde: ‚Nun ist die Zeit da. Bereinige dies mit deinem Nächsten, denn dein Nächster ist jetzt aufnahmefähig‘ – und alles löst sich. Wir würden Ihm nachfolgen, wenn wir Ihn schauen, und wenn Er sichtbar unter uns bliebe.

Er i s t aber da – wenn auch für uns noch unsichtbar. Er will i n uns auferstehen, und Er ruft uns im Inneren: ‚Folge Mir nach!‘ Es ist derselbe Christus, der sich aus der Lichtsäule heraus manifestiert hat. Es ist dieselbe Liebe, die Geborgenheit, die Kraft, die Sicherheit, der Friede und die Gewißheit – in Ihm ist sofort alles gut.

Denken wir daran: Er will in uns auferstehen – auferstehen in jeder Empfindung, in jedem Gedanken, in jedem Wort und in jeder Handlung. Wer sind wir dann? Wir sind Ihm bewußt Bruder und Schwester – und wir spüren: Er geht uns voraus; Er geht mit uns. Alles Menschliche ist abgefallen; wir atmen frei in Ihm. Diese Freiheit wünscht Er sich von uns! Wenn wir Christus in unserem Inneren auferstehen lassen wollen, dann werden wir auch verstehen, was der Ewige, Gott, unser Vater, mit dem Bund gemeint hat.“

3. Das historische Geschehen des Bundesschlusses

Nachdem die Gemeinde Neues Jerusalem das Abendmahl zu sich genommen und Gabriele die Bedeutung des Bundes, wie oben beschrieben, erläutert hatte, erging die Frage an die Gemeinde des Herrn, wer bereits eine klare Entscheidung treffen könne. Alle, die –

nach reiflicher Überlegung – den Bund mit Gott schließen wollten, sollten sich sodann von ihren Plätzen erheben.

Gabriele sprach daraufhin:

„Liebe Geschwister, der Herr schaut uns, der Herr hört uns. Denken wir noch einmal darüber nach: Mit Gott heißt für Gott und für unseren Nächsten.

Wir sind hier frei, ohne Zwang, aufgestanden. Wollen wir nun – im Stillen, stehend – Ihm im Inneren das Ja sagen?"

Und diejenigen, die aufgestanden waren, sprachen ihr stilles Ja. Gabriele betete daraufhin zu Gott, unserem Vater:

„Ewiger Vater, Du hast unser stilles Ja gehört – und in diesem Augenblick des Ja wirkt schon das Gesetz; es wirkt für uns und durch uns für das große Ganze.

Herrlicher Vater, wir vertrauen uns ganz Dir und Deinem Sohn an. Ein Ja für das Friedensreich Jesu Christi; ein Ja für Dich, an Dich, für den Nächsten; ein Ja mit Dir, Vater; ein Ja mit Dir, Christus; ein Ja mit dir, Bruder; ein Ja mit dir, Schwester – einerlei, wie du denkst; einerlei, was du sprichst; einerlei, wer oder was du bist; einerlei, welcher Religionsanschauung, einerlei, welchen Glaubens: ja!

Vater, wir beten Dich an; wir loben und preisen Deinen Namen. Du herrlicher, allmächtiger Gott, der Du Dich immer wieder zu Deinen Menschenkindern neigst! In Christus und durch Christus hast Du Deine Liebe bewiesen – die Liebe zu uns Menschen, die Liebe zu allen Seelen, die Liebe zur Natur, zu allen Wesen. Wir stehen in Dir, und viele von uns stehen noch in der Erlösung in Christus. Doch Christus führt uns heraus, hin zu Dir –. Du erlöst auch die Natur. In Deiner heiligen Strahlung wandelt sich die Welt und somit auch die Erde – und es wird Friede sein. Auch die Tiere werden mit uns im Frieden leben. Die Pflanzen werden uns dienen und das heilen, was an uns noch der Ordnung bedarf.

Herrlicher Vater, wir beten Dich an, indem wir das Gebet der Einheit singen. Wir singen es in uns hinein zur Ehre Dein, o Ewiger.“

Es war ein feierlicher Augenblick, als die Glieder der Urgemeinde Neues Jerusalem mit inniger Andacht, die Herzen zu Gott erhoben, das Vaterunser anstimmten und damit den Bundesschluß besiegelten. Wie aus einem Munde erklang es:

„Vater unser,
der Du bist im Himmel –
geheiligt ist Dein Name!
Unser Reich kommet;
Dein Wille geschieht –
wie im Himmel, so auf Erden.
Unser tägliches Brot gibst Du heute –
und vergibst uns unsre Schuld,
und wir vergeben unsern Schuldigern.
Du führst uns in der Versuchung
und erlöst uns von dem Bösen.
Denn: Unser ist das Reich
und die Kraft
und die Herrlichkeit
*von Ewigkeit zu Ewigkeit.“**

Die Glieder der ersten christlichen Urgemeinde im Friedensreich Jesu Christi auf Erden waren sehr berührt und ergriffen von

---

* Dieser Wortlaut entspricht einem Wunsch unseres himmlischen Vaters, der uns in einer Offenbarung im Juli 1986 darauf hinwies, daß es nicht Sein Reich, Seine Kraft und Seine Herrlichkeit seien, sondern auch *unsere*. Er sprach: *„So sprecht: Unser ist das Reich und die Kraft und die Herrlichkeit...“*

diesem feierlichen Geschehen, von dem Gnadengeschenk des himmlischen Vaters. In ihrem Inneren dankten, lobten und priesen sie Gott, den Allmächtigen, der sie erwählt hatte und durch den sie nun auserwählt waren. Mit Ihm, dem Ewigen, hatten sie nun den Bund geschlossen –, mit dem Gott Abrahams, Isaaks und Jakobs, mit dem Gott, der durch Mose den Bund mit Israel geschlossen hatte, mit demselben Gott, der in Christus den Neuen Bund errichtet hatte –, mit diesem allmächtigen, ewigen Gott, den wir „Vater“ nennen dürfen, schlossen die Glieder der Gemeinde Neues Jerusalem den Bund für das Friedensreich Jesu Christi. Ein historisches Ereignis und ein Wendepunkt in der Geschichte der Menschheit vollzog sich, dessen Bedeutung und Auswirkung im Geistigen wir nur erahnen können.

Drei Wochen später, als die ganze Gemeinde Neues Jerusalem versammelt war, erläuterte Gabriele nochmals die Bedeutung des Bundes mit Gott und die Konsequenzen für den einzelnen. Gabriele deutete an, daß dieser Bundesschluß für manchen wohl nicht der erste sei; es sei für viele nur eine Erneuerung, da so mancher vielleicht einst schon den Alten oder den Neuen Bund mit geschlossen hatte.*

Danach schlossen auch jene, die drei Wochen vorher nicht anwesend waren, den Bund mit Gott. Es war wiederum ein feierliches Geschehen, eine denkwürdige Stunde. Gabriele sprach zur Gemeinde:

„Liebe Geschwister, gehen wir gemeinsam in die Stille. Denken wir über uns nach. Denken wir daran, daß wir nun mit unserem Vater in Verbindung treten – und der ewige Lauscher in uns, Gott, das Bewußtsein in uns, nimmt sofort unser Ja in unsere Seele auf."

Danach betete Gabriele zu Gott, unserem Vater:

„Herrlicher Vater, Du geliebter All-Einer, Du König aller Könige, Du Herrscher aller Herrscher, Du Fürst aller Fürsten, Du unendlicher, ewig weiser, gütiger Gott! Immer wieder neigst Du Dich zu uns, Deinen Menschenkindern. Immer wieder hebst Du uns auf. Immer wieder schenkst Du Aufklärung. Immer wieder erneuerst Du den Bund mit den Seelen und schließt

---

* Dies setzt das Wissen um die Tatsache der Reinkarnation voraus, d. h. der Möglichkeit verschiedener Einverleibungen im Erdenkleid. Vgl. Wagner, R.: Reinkarnation. Das Heraus- und Hineinschlüpfen in das Fleisch (Würzburg ^{2}1989)

den Bund mit den Menschen – mit dem neuen Erdenkörper um die wissende Seele.

Ewiger Vater, wir spüren tief in unseren Herzen, daß Du uns erwählen möchtest. Wir spüren jedoch auch, was es bedeutet, zu Dir, dem großen All-Einen, ja zu sagen. Wir sagen ja zu Dir, dem Gott des Lebens, dem Gesetz in jedem Menschen, in jeder Pflanze, in jedem Stein, in jedem Tier, in jedem Gestirn, in jedem Atom.

Herr, mache uns bewußt, was das bedeutet. ‚Ja' heißt, die Verbindung zu halten mit allem Sein – aus der Verbindung mit Christus heraus alles Menschliche zu verwandeln in Geistiges.

Vater, unendlich gütiger Vater! Wir spüren immer tiefer in unser Inneres hinein. Wer sind wir? Wir sind aus Dir, Erben der Unendlichkeit; in uns pulsiert die Unendlichkeit – das ewige Gesetz in jedem Stein, in jeder Pflanze, in jedem Tier, in jedem Geistwesen, in jedem Menschen, in jedem Gestirn, in jedem Atom.

Wir haben zu unserem Erbe ja gesagt. Vater, Du hast das Ja schon in unsere Seele aufgenommen; dort leuchtet es und gibt Zeugnis von dem, was in uns ist: Du, Du Unendlicher, Ewiger.

Vater, wir sind eingekleidet in Fleisch und Bein. Doch Du, das strahlende Du, der Du das Ja ausstrahlst, wirkst durch Fleisch und Bein – auch dann, wenn wir durch die Begrenzung von Raum und Zeit noch begrenzt bleiben. Das Ja ist gleich Vertrauen und Trauen zu Dir; wir trauen Dir; wir vertrauen uns Dir an – Dein Wille geschieht. Herr, Dein Wille geschieht!

Christus, Du unser göttlicher Bruder und Erlöser! Ja zum Vater, ja zu Dir – mit Dir für alle Seelen und Menschen.

Geliebter Vater, wir haben nun mal die Worte, und mit den Worten drücken wir vieles aus. So wollen wir im Gebet der Einheit das Ja noch einmal bekräftigen und Dich im Gebet der Einheit loben, preisen, ehren und rühmen – und Christus, unseren göttlichen Bruder und Erlöser, unseren Führer, mit hineinnehmen in das Ja und in den Dank.“

Darauf erhoben sich die Glieder der Urgemeinde Neues Jerusalem, die den Bund mit Gott schließen wollten, und jene, die ihn bereits geschlossen hatten, und sangen Gott zur Ehre das Vaterunser.

Anschließend betete Gabriele, der Engel der Gemeinde, zu Gott:

„Vater, siehe, wir sind Dein Volk! Im Geiste stehen wir vor Deinem heiligen, ewigen Thron. Vater, wir sind Dein Volk auf dieser Erde. Vater, führe Du Dein Volk! Deine Liebe und Deine Kraft in Christus weisen uns den Weg. Christus geht uns voraus – Er ist unser Führer; Er ist unser Erlöser; Er ist unser göttlicher Bruder. Wir sind mit Ihm – und so mit Dir, o ewiger, himmlischer Vater.

Öffne Du durch uns die Tore hinaus in diese Welt, und führe Du zu uns, so, wie Du es vorhast, wie Du es willst.

Herr, wir sind Dein Volk. Mache uns dies bewußt – jeden Augenblick im lichten und im grauen Alltag! Wir sind Dein Volk! Frei und ohne Zwang haben wir Dich gewählt, und Du hast uns durch unser ‚Ja' erwählt.

Danke, Vater – danke, Christus! Wir neigen uns vor dem ewigen Geist und senden den Frieden in diese Welt: Friede, ihr Völker! Friede, ihr Menschen! Kommet her zu Christus – kommet zu uns! Gottes Wille geschieht."

Nun war der Bund mit Gott-Vater geschlossen. Die Urgemeinde Neues Jerusalem ist damit das auserwählte Volk Gottes, durch welches das Friedensreich Jesu Christi auf die

Erde kommt. Jedes Glied der Gemeinde, welches das Jawort gesprochen hat, ist seitdem mitverantwortlich für das Erlöserwerk des Herrn. Nicht einige wenige entscheiden also über die Geschicke dieses Werkes, sondern einige Hundert – und bald werden es Tausende sein, die Verantwortung tragen im Universellen Leben. Sie sind geführt vom lebendigen Gott, der mit Seinem auserwählten Volke ist und durch die göttliche Weisheit das Friedensreich Jesu Christi erstehen läßt und gestaltet.

3. Gabriele schaut das Urlicht – in Ihm die vier Wesenheitsfürsten

Am folgenden Tag, es war der 5. Februar des Jahres 1989, erging eine gewaltige Offenbarung an die Urgemeinde Neues Jerusalem. Bevor der Ewige Sein Wort an die Gemeinde richtete, spürten viele Geschwister Seine Gegenwart. Gabriele jedoch ward von Ergriffenheit geschüttelt – denn sie schaute und verspürte deutlich, was für die meisten verborgen blieb: Sie schaute das Urlicht, das sich herniedersenkte, um sich der Gemeinde Christi zu offenbaren. Im Urlicht standen die vier Wesenheitsfürsten – die Cherubim der Ordnung, des Willens, der Weisheit und des Ernstes. Gabriele sah die Halle, in der die Gemeinde versammelt war, plötzlich nicht mehr und schaute vier mächtige Wesenheiten. Sie konnte es nicht fassen, und die Strahlung dieser gewaltigen Lichtwesen war so intensiv, daß Gabriele davon geschüttelt wurde. War die Lichtenergie, die sie verspürte, auch gewaltig, so strahlten diese Himmelsfürsten doch eine unendliche Ruhe aus und gleichzeitig eine Kraft, die ein Mensch kaum verkraften kann.* Gabriele war es, als würde sich jeder einzelne vorstellen: „Ehemals Mose; ehemals Elia; ehemals Jesaja; ehemals Abraham" – in ihnen waren die Gesetzeshüter der Ordnung, des Willens, der Weisheit und des Ernstes einst inkarniert gewesen.

Nach einer geraumen Zeit ertönte dann machtvoll das Wort Gott-Vaters.

---

* Im Alten Testament steht geschrieben, daß Gott zu Mose sprach: „Du kannst Mein Angesicht nicht sehen; denn kein Mensch kann Mich sehen und am Leben bleiben." (Ex 33, 20)

5. Die Offenbarung Gott-Vaters

Der Vater Ur sprach zu Seinem auserwählten Volk – zur Urgemeinde Neues Jerusalem:

„Ich bin euer Herr und Gott, der Gott aller Väter, der Gott der Unendlichkeit, von Ewigkeit zu Ewigkeit.

Als Symbol und Kraft kamen mit Mir zu euch Meine vier Wesenheiten, die Posaunen für alle vier Winde. Sie werden in die Welt posaunen, daß der Bogen des Bundes erneut gespannt ist – hin bis zum Himmelstor. Sie posaunen in alle Winde, daß in diesem Land das Friedensreich Jesu Christi entsteht. Sie posaunen in alle Winde, daß Ich euch erwählt habe, da ihr zu Mir ja gesagt habt. Sie posaunen in alle Winde, daß ihr, ein kleines Völkchen, das auserwählte Volk Gottes seid.

Alle Bünde habe Ich nun vereint in den einen Bund mit euch, dies der letzte Bund ist. Denn über diesen Bund, über diesen Bogen der sieben mal sieben Kräfte Mein, wird Mein Sohn herniedersteigen und im Geiste unter jenen verweilen, die mit Mir den Bund halten. Und die, die mit Mir den Bund halten, werden Ihn im Geiste schauen, und Er wird durch sie reden, weil sie weitgehend in Mir, dem Gesetz des Lebens, sind.“

Das Zeichen des Bundes für das auserwählte Volk

„Fürchtet euch nicht, Ich bin euer ewiger Vater! Fürchtet euch nicht – und spürt in euer Herz hinein: Meine Urkraft fließt jedem Gerechten zu. Meine Urkraft ist Mein ewiger, allgegenwärtiger Geist, der sich im Bogen als Taube des Friedens manifestiert. Dieses Symbol soll das Zeichen des Friedens sein, das das Lamm einhüllt – all jene, die sich bemühen, Lämmer zu werden, und sich um Christus, Meinen Sohn, scharen.

Die Wanderschaft der Völker hat soweit aufgehört, da eine Gruppe das Land erreicht hat, von dort aus das Friedensreich Jesu Christi ausstrahlt.

So werde Ich euch nicht mehr zusammenführen und zu euch sagen: ‚Zieht da- und dorthin!‘ Ihr steht im Ziel! Doch vom Ziel aus sollt ihr hinausgehen und sammeln – sammeln von allen Winden; denn die vier Posaunen rufen in die Herzen derer, die den Geist der Wahrheit spüren und die nach der Wahrheit suchen.“

Bevor wir jedoch hinausgehen können, müssen wir die Wahrheit erst in uns erringen. So erinnerte Gott die Gemeinde:

„Werdet euch jedoch bewußt, daß die Wahrheit errungen werden muß; denn der, der zur Wahrheit, also zu Mir, strebt, unterliegt oftmals noch den Anfechtungen des Satans der Sinne. Wenn er dies jedoch rechtzeitig erkennt, wird dieser ihn nicht binden."

Und der Vater versicherte den Seinen:

„Ich bin da und bin mit Meinem Volk, das Ich erwählt habe, da es Mich erwählt hat. Spürt in euer Herz hinein: Das auserwählte Völkchen soll e i n großes Volk werden, das Volk in Christus. Durch euch will Ich sie alle rufen; durch euch will Ich sie alle sammeln, die sich bereit erklären, zu dem e i n e n Volk zu gehören, das dem Christus angehört – und nicht dem Vorstellungs-Christus."

Gott-Vater möchte, daß die Menschen, vor allem auch jene in den erstarrten Institutionen, den wahren, den lebendigen Christus in sich finden. Darum ergeht der Ruf an sie:

„Die Posaunen schallen in die Konfessionen hinein, denn in allen Konfessionen, einer-

lei, wie sich diese auch nennen, sind viele wahrhaft suchende Menschen – und unter ihnen sehr viele, die unter den Bogen gehören.

Eure Aufgabe ist es, Meinem Sohn getreu nachzufolgen, indem ihr die Gebote haltet. Durch die Zehn Gebote strahlt der Innere Weg, und wer den Inneren Weg geht, der erkennt auch die Zehn Gebote. Und wer die Gebote hält, der reift in das ewige Gesetz hinein, das Ich bin von Ewigkeit zu Ewigkeit.“

Über allem steht der Geist

Dann kündigte Gott-Vater die kommende Zeit an, die wohl schwer sein wird; doch Er wird mit Seinem auserwählten Volke sein. Er sprach:

„Mein auserwähltes Volk – hört die Stimme eures Herrn! Über diese Welt kommen viele Plagen. Die Erde wird weiterhin beben; die Meere werden steigen; die Gestirne tun das ihre. Kampf, Not und Elend wird unter den Menschen sein. Doch über allem steht der ewige Geist, der Ich bin – und Ich, die Wahrheit, werde durch Christus, Meinen Sohn, das Christusvolk führen. Es ist das Volk des Christus und somit auch Mein Volk. Völkchen,

werde dir dies bewußt: Es soll e i n Volk werden, und dieses Volk ist die Herde des Nazareners."

Und der Vater bat die Gemeinde Christi: *„So ihr die innere Stärke erlangt habt, öffnet die noch unsichtbaren Tore in das werdende Neue Jerusalem!"*

Gleichzeitig mahnte Er aber:

„Doch seid euch bewußt, daß unter den Schafen, die kommen, auch reißende Wölfe sein werden. Deshalb werdet zuerst ihr klar, indem ihr euch bewußt auf Mich, das ewige Gesetz, ausrichtet, so daß ihr klar seht, was kommt. Denn nicht nur ein Völkchen soll sich rühmen, auserwählt zu sein, sondern ein mächtiges Volk soll sich finden in Christus."

Geistiger Kampf an zwei Fronten

Für die Glieder der Gemeinde bedeutet dies den geistigen Kampf an zwei Fronten: mit dem noch bestehenden menschlichen Ich und mit den Wölfen im Schafspelz. Der Herr sprach:

„Das bedeutet weiterhin: geistiger Kampf – Kampf mit der Dunkelheit, mit dem Satan der

Sinne. So stehet ihr selbst im Kampf mit eurem noch bestehenden Ich – und gleichzeitig im Kampf mit jenen, die wider Mich und wider Meinen Sohn sind. Doch der, der zuerst mit sich selbst den Kampf aufnimmt, der kann jetzt schon sagen: ‚Ich habe die Kraft zu kämpfen für das Reich Gottes auf dieser Erde.‘

Seid euch bewußt: Ihr habt die Wölfe im Schafspelz gegen euch, die schon jahrhundertelang das Mäntelchen Christ-Sein tragen. Seid euch bewußt, daß ihr noch die Regierenden gegen euch habt – und Ich spreche bewußt das Wort ‚noch‘ aus. Seid euch bewußt, daß ihr verleumdet, verhöhnt und verspottet werdet, weil ihr das Christusvolk seid und offen bekennt, daß ihr zu Christus steht und somit Auserwählte Gottes seid. Jesus sagte: ‚Haben sie Mich verfolgt, so werden sie auch euch verfolgen.‘

Deshalb wachet und betet! Wachet über euer Menschliches, daß es euch nicht verführt – und so ihr es erkennt, übergebt es Christus, bereinigt es, macht wieder gut, bittet um Vergebung und vergebt, und überlaßt es dem Ewigen, der Ich bin in Christus, denn dann wird das Niedere in das Höchste umgewandelt, in die Kraft aus Mir.“

Die Gemeindeordnung

Nach diesen ernsten Worten machte Gott-Vater deutlich, daß gerade wegen dieses Kampfes an zwei Fronten die Gemeindeordnung nötig sei, um die Gemeinde zu schützen:

„O sehet und erfasset es in euren Herzen: Auch die Gemeindeordnung dient der Gemeinde – so lange, bis die Gemeinde und die weiteren Gemeinden im Lamme aufgegangen sind, im Reiche des Friedens. Es wurde euch die Gemeindeordnung gegeben, auf daß ihr erkennt, daß Ordnung gehalten werden muß, damit die Wölfe im Schafspelz nicht wieder die Urgemeinden sprengen, wie ehedem.

Vieles ist geordnet, und es mußte so sein, weil die Menschen in sich noch nicht den Frieden haben und noch nicht in Mir, dem Frieden, leben. Es bedarf also der Ordnung, damit der Mensch erkennt, daß nur durch den inneren Frieden das Gesetz der Liebe erkannt und umgesetzt werden kann. Denn wer in sich Frieden hat, erfaßt das Gesetz der Liebe und des Lebens. Und so unter den Menschen Friede ist, löst sich die Gemeindeordnung auf und geht in die Historie über.

So sehet die Gemeindeordnung als Stützpfeiler für die Gemeinden, als Hilfe für euch, damit ihr nicht ganz denen ausgeliefert seid, die die Gemeinden sprengen wollen, wie ehedem.“

Das Satanische wird gebunden

Der Herr prophezeite weiter:

„Wisset, und erfasset es in euren Herzen: Ihr werdet weiterhin in Augenschein genommen werden, und über euch wird viel Unrat ausgegossen werden – denn noch bestehen eure Massenmedien.

Und so ihr furchtlos zwischen den Zeilen lest, werdet ihr erkennen, daß auf vielfältige Art und Weise der Satan der Sinne aufschreit; denn er fühlt schon die Stricke – die Wirkungen auf die Ursachen, die Stricke also, mit denen er gebunden wird.

Gebunden in den Astralebenen – was das bedeutet, ist dem Menschen nicht bewußt! In den Astralebenen, besonders in den Bereichen der Ordnung, besteht ein mächtiger Aufruhr; denn viele erkennen, daß es der letzte Bund ist und daß diesmal der Bogen geschlossen wird für das Satanische.

Doch es wird nicht von heute auf morgen sein, denn im Bogen wirkt Meine Gnade. Und jede Seele, die ein Fünkchen Erkenntnis in sich trägt, sendet das Gesetz von Ursache und Wirkung noch einmal durch den Bogen zur Inkarnation. So wird das Hinwegnehmen des Gegensätzlichen ganz allmählich vollzogen werden.“

Erneut forderte uns daher der Herr auf:

„Deshalb seid wachsam! O sehet und erfasset es in eurem Inneren! Ich habe euch vieles gesagt, was kommen wird – und so ihr dies weitgehend erfaßt habt, werde Ich euch den nächsten Schritt offenbaren.“

Versöhnung, Verständnis, Wohlwollen und Liebe

Der Vater richtete nun den Blick der Glieder der Gemeinde wieder auf ihr Inneres. Er erklärte, was es bedeutet, den Bund mit Ihm geschlossen zu haben und daher Sein auserwähltes Volk zu sein:

„Jetzt werdet euch bewußt: Ihr habt Mich erwählt; Ich habe euch erwählt – ihr seid Mein auserwähltes Volk.

Das bedeutet für den einzelnen: Hinweg mit dem Menschlichen, hinweg mit Rachegedanken, Streitgedanken, Feindschaftsgedanken! Versöhnt euch, versöhnt euch! Tuet Buße – und ihr spürt Meinen Geist, der euch kräftigt, so daß ihr die weiteren Schritte tun könnt. Habt Verständnis füreinander!

Pflegt das Wohlwollen und blickt nicht nur auf die Worte! Worte können verhängnisvoll sein, wenn ihr nur das Wort nehmt. Denn jeder hat einen anderen Wortschatz und spricht das so aus, wie es ihm geläufig ist – das, was er dir, Mein Kind, sagen möchte. Daher schaue hinein in die Worte: Ich wohne darin – und du wirst deinen Nächsten verstehen und ihn als Bruder und Schwester annehmen und Mich in ihm aufnehmen.

So reifst du in das Lamm hinein, in Christus – und somit in das ewige Gesetz der Liebe. Denn ihr sollt euch so lieben, wie Ich euch liebe! Ihr sollt euch so lieben, wie euch Christus, euer Erlöser, Bruder und Führer, liebt!

Völkchen, die Liebe aus Mir macht aus dir, o Völkchen, ein mächtiges Volk!“

Das Angebot und die Bitte Gott-Vaters

Damit dieses mächtige Volk entstehen kann, muß noch einiges geschehen; deshalb wandte sich der Herr mit einem Angebot, das eine Bitte enthält, an die Urgemeinde Neues Jerusalem. Der Vater sprach:

„O sehet, um diese besagte Stadt entsteht allmählich die mächtige Stadt Neues Jerusalem auf dieser Erde. Weitere Urgemeinden sollen Stationen sein. Spürt in euer Herz hinein: Wer möchte nicht einst das Neue Jerusalem auf Erden schauen? Wer möchte nicht durch die noch unsichtbaren Tore sichtbar hindurchgehen und sagen: ‚Hier ist das Volk des Herrn; hier ist auf Erden mein Zuhause.'

Und die das innere Zuhause unter euch gefunden haben, werden dann wieder hinausgehen und die weiteren Urgemeinden stabilisieren und erweitern.

Doch erkennet und erfasset es in euren Herzen: Bevor dies alles ist, kommen Plagen – große Plagen. Und das sogenannte weitmaschige Sieb wird auch immer wieder bei Meinem Volk angesetzt werden, denn Friede soll sein unter den Meinen.

Und nun das Angebot – Ich lege die Bitte hinein: Ihr habt gehört, viele kommen. Wollt ihr sie nur unterbringen, oder sollen sie lernen, was es heißt, das Gesetz Gottes zu leben, indem die Arbeit zum Gebet wird? Es bedarf also im werdenden Neuen Jerusalem, dem Zentrum des Friedensreiches Jesu Christi, weiterer Betriebe, weiterer Verkaufsläden, Kindergärten; es bedarf der Schulen; es bedarf der Vater-Mutter-Häuser; es bedarf der Wohnungen.

Menschen, die sich bemühen, den Frieden zu halten, empfangen auch den Frieden aus jedem Stein, aus jeder Pflanze, aus allem Sein. Das bedeutet, daß die, die den Frieden halten, nicht in Höhlen leben sollen, nicht in zerfallenen Häusern, nicht in Schutt und Asche. Wer in Mir lebt, durch den wirke Ich – und er soll auf Erden leben wie wahrhaftig das Kind des Ewigen, der Ich bin: nicht im Reichtum des Äußeren; wer den i n n e r e n Reichtum, das Gesetz des Lebens, entfaltet hat, der wird auch im Äußeren so leben, wie es wahrhaft dem eingekleideten Geistwesen gemäß ist.

Daher das Angebot – in ihm die Bitte: Helft mit, daß Weiteres entsteht, denn durch euch wirkt der Geist. Und so ihr es aus Liebe tut, aus Liebe zu eurem Nächsten, tut ihr es für Mich – und euch wird alles gelingen.“

Und der Herr fragte die Gemeinde Neues Jerusalem:

„Seid ihr bereit, eure Herzen zu öffnen? Seid ihr bereit mitzuwirken, daß die vielen, die zu euch kommen werden, über das Gebot ‚Bete und arbeite‘ das Gesetz des Lebens finden, so daß ihre Arbeit das Gebet ist? Denn sehet: Die Seele des einzelnen bedarf des geistigen Brotes, die Hülle des irdischen Brotes; also bedarf es auch der Nahrung – und die Erde ist denen gegeben, die das Gesetz halten. Und so solltet ihr die Erde bebauen – und die Landwirte werden ihre Fähigkeiten einsetzen, auf daß die Erde Frucht bringt und die ernährt werden, die sich bemühen, die Gebote zu halten.“

Christus geht auch dem reißenden Wolfe nach

Daß immer wieder Schwierigkeiten auftreten werden, sagte der Herr bereits. Er erklärte Seinem auserwählten Volk deren Sinn mit folgenden Worten:

„Schwierigkeiten müssen sein; der Widersacher soll sich an euch messen. Denn erkennet:

Ich liebe den, der noch wider Mich ist, ebenso, wie Ich euch liebe! Und Christus geht ihm ganz besonders nach, denn Er führt jedes Schaf, auch den noch reißenden Wolf, in das Leben zurück – denn jeder Wolf gibt einst auf und wird zum Schaf, und jedes Schaf wird zum Lamm, weil der Christus, die Liebe, in jedem wohnt.

Fürchtet euch also nicht, und so ihr angegriffen werdet, gleich, von welcher Seite, lobt, preist und dankt der ewigen Kraft, die Ich bin, die mit euch ist – und ihr werdet den nächsten Schritt erkennen! Und so mancher, der heute noch wider euch ist, dem wird morgen ein Licht aufgehen, und das Licht wird ihm Leuchte sein – hin zu dem einen Volk in Christus, dem Christusvolk.“

Deshalb forderte der Herr die Glieder der Gemeinde auf:

„Daher klagt und jammert nicht, wenn die Wölfe aufheulen, wenn sie euch anfallen, wenn sie euch lächerlich machen, wenn sie das Wort des Lebens verdrehen! Wißt ihr, ob nicht der Schrei des Wolfes doch schon ein Erkenntnisschrei ist, ein Aufbäumen des menschlichen Ichs, weil ihn das Licht schon getroffen hat, das Licht des Christus? ‚Nein, es darf nicht sein!‘ so schreit der Wolf. Weshalb? Weil er

weiß, daß es so kommt, wie es von seiner Sicht aus nicht sein darf!

Deshalb lest zwischen den Zeilen; deshalb hört in die Worte hinein – und ihr erkennt die Angstschreie, weil die, die wider Mich sind, schon die Stricke spüren."

Die vier Posaunen erschallen

Dann vollzog sich ein gewaltiges geistiges Geschehen, das wir kaum zu erfassen vermögen: Der Herr forderte die vier Himmelsfürsten, die mit Ihm gekommen waren, auf, die geistigen Posaunen zu erheben und in die Welt zu posaunen:

„Ihr Gesetzeshüter, Meine vier Wesenheiten, nehmt die Posaunen! Posaunt in die vier Winde: ‚Der Herr ist nicht nur auferstanden; der Herr ist gekommen und hat den Bogen erneut gespannt – bis hin zum Himmelstor! Er hat alle Bündnisse nun in den einen Bund gelegt: für Christus, mit Christus, ein Volk in Christus, das Christusvolk, ein Volk mit Christus – für die Erlösung aller Seelen und Menschen.

Träger der Ordnung – posaune!
Träger des Willens – posaune!

Träger der Weisheit – posaune!
Träger des Ernstes – posaune!

Ihr Völker der Erde, höret die Stimme eures Herrn durch die Posaunen! Die Zeitenwende ist da: e i n Volk, e i n e Herde, Christus der Hirte und der Herrscher des Reiches Gottes auf Erden.

Ihr Winde, tragt hinaus den Hall der Posaunen – hinein in die Atmosphäre, hinein in die Herzen der Menschen und Seelen!"

Das Friedensreich und die Zeit der Umwandlung

Dann wandte Er sich wieder an Sein auserwähltes Volk, erinnerte an Seine Bitte und gab Hoffnung für die kommenden Zeiten.

„Mein Volk, gedenkt derer, die noch draußen stehen! Gedenkt Meines Angebotes – gleich Meiner Bitte! Gedenkt, was vor euch liegt! Schaut auf die Erde: Sie verändert sich im Strahlungsgürtel des Ich Bin.

Und fürchtet euch nicht: In allem Gegensätzlichen ist das Positive – und in dem großen Kampf, dann, wenn vieles untergeht, strahlt heraus das, was jetzt schon strahlt, für viele noch unsichtbar: das Reich Gottes auf dieser Erde.

So werden viele hinweggenommen, und viele werden sich außerhalb des Bogens wandeln und wieder durch den Bogen kommen, um letzten Endes doch mitzuwirken für das, was im Buch des Lammes geschrieben steht. Und sie werden zur Rechten von Christus stehen, und sie alle werden e i n Volk bilden, das Christusvolk – und das Christusvolk wird den Boden vorbereiten für die mächtige Umwandlung der Materie.

In diesem Umwandlungsgeschehen werden sich noch einige Male die Stricke lösen. Scheinbar wird der Widersacher die Oberhand gewinnen. Er glaubt es; doch im Prozeß der Umwandlung wird er keine Früchte mehr tragen!

Die, die es trotz allem, was auf der Erde vor sich geht, nicht glauben wollen, daß Christus der Sieger ist, ihnen wird also noch einmal die Möglichkeit gegeben, in das Reich Gottes auf Erden einzubrechen. Doch sie werden keine Früchte mehr bringen, denn das eine Volk in Christus bereitet die Erde für die mächtige Umwandlung vor – denn alles Materielle wird einst wieder erhoben werden in das Licht, den Geist, der Ich bin.

Schauet nicht auf die Jahre; sprecht nicht von Jahrhunderten, vielleicht sogar von Jahrtausenden – denkt: Ihr seid ewig! Und die Gnade währt und währt und währt, denn jeder soll freiwillig zurückkommen zu dem, der Ich bin. Und wenn er glaubt, er müsse die sich wandelnde Erde noch einmal erobern, so wird ihm die Möglichkeit gegeben – aus der Gnade, um zu erkennen, daß Christus doch der Sieger ist.“

Führung durch Christus

Liebevoll wandte sich dann der Vater wieder an Seine auserwählten Kinder und machte ihnen Mut:

„Mein auserwähltes Völkchen, Meine Kraft ist unter euch und in euch. Und so ihr alles aus der Liebe zu eurem Nächsten tut, ist es die selbstlose Liebe, so ist es die Liebe zu Mir – und ihr werdet Kräfte um Kräfte empfangen; denn der Herr, der Ich bin, ist mit Seinem Volk! Und Ich werde euch durch Christus führen! Und wer ehrlichen Herzens ist, der spürt in diesem Augenblick die führende Kraft, die sich verstärkt – und er wird tun, was der Wille des Ewigen ist, der Ich bin von Ewigkeit zu Ewigkeit.

Mein Volk, Ich berühre euch mit Meinem Geiste – und das Symbol, daß Ich mit euch bin, soll die Taube des Friedens sein. Sie ist für euch sichtbar, und sie soll euch an den inneren Frieden erinnern. Und das Lamm soll euch symbolisieren, daß ihr in Christus geborgen seid – wenn auch ihr in Christus lebt, indem ihr euch bemüht, die Gesetze zu erfüllen."

Und erneut forderte der Vater Ur die vier Fürsten der Himmel auf, in die Welt zu posaunen:

„Ordnung, Wille, Weisheit und Ernst – erhebt abermals die geistigen Posaunen und kündet an, was auf Erden schon geschehen ist! Ich bin durch Christus mit Meinem Volk – und ihr seid Meine Kinder von Ewigkeit zu Ewigkeit."

Mit diesem gewaltigen Schlußakkord endete die mächtige Offenbarung Gott-Vaters an Sein auserwähltes Volk.

VI. Die Urgemeinde Neues Jerusalem öffnet die Tore

Drei Wochen nach der gewaltigen Offenbarung Gott-Vaters war die christliche Urgemeinde Neues Jerusalem erneut versammelt. Sie war verbunden – mittels der Technik – mit einigen tausend Geschwistern in über 100 Städten; rund um die Erde waren in vielen Ländern Christusfreunde zusammengekommen, um das Wort ihres Erlösers und Bruders zu hören und Seine Heilstrahlen zu empfangen; in elf Sprachen wurde dabei simultan übersetzt.

An diesem denkwürdigen Tage war Christus, der Hirte Seiner Herde, anwesend im Geistkleide – für uns Menschen noch unsichtbar, für viele jedoch deutlich spürbar.

Doch noch bevor die Gemeinde Neues Jerusalem verbunden war mit den Geschwistern weltweit, sprach Christus zu den Seinen, unter denen Er weilte:

„Der Vater und Ich haben Großes vor – und die unendliche Liebe bereitet mit Legionen

von Engeln die Wege für jene, die auf Gott blicken und nicht mehr auf diese Welt. Mein Herz öffnet sich für alle Meine Erdenkinder – und so wünsche Ich Mir, daß das noch kleine Volk sich für alle Menschen, die guten Willens sind, öffnet. Denn Ich will sie herführen aus allen Winden, so, wie es die Posaunen verkündet haben.

Und jetzt schon, ja jetzt schon will Ich mit ihnen leben, mit dem noch kleinen Volk; und die sich bemühen, den Willen Gottes zu tun, durch die werde Ich wirken; ja, die sich bemühen – einzig schon bemühen, den Willen des Vaters zu tun –, durch sie will Ich wirken; denn jeder gute Wille ist schon belohnt."

Christus, der also im Geistkleide unter den Seinen war, mit denen Er Sein Friedensreich auf Erden errichten will, gab Seiner Gemeinde auch ein Symbol mit – das Symbol dafür, daß Er nun allmählich die Regentschaft über Sein Reich antritt.

„*Der Vater und Ich werden den Thron auf der Erde errichten – für das Reich der Liebe und des Friedens auf dieser Erde. Nehmt dies als Symbol.*"

Der Thron – in Verbindung mit Zepter und Krone – sind das Symbol der geistigen

Macht auf dieser Erde, die Er als der Regent des Friedensreiches innehat.

Die Zeit des Christus bricht an

Nachdem die Fanfare, das äußere Zeichen der weltweiten inneren Verbindung, ertönt war – die Gemeinde Neues Jerusalem also mit den Geschwistern in aller Welt verbunden war – und alle sich eingeschwungen hatten in den Strom der Stille, erklang das Wort Christi durch unsere Schwester Gabriele. Er sprach:

„Meinen Frieden bringe Ich euch, o ihr Völker dieser Erde! Ich bin in Gott, Meinem und eurem Vater, der Herrscher über diese Erde und über alle Stätten der Reinigung. Wahrlich, Ich sage euch: Ich habe Mein Leben euch geweiht. Mein Leben ist die Kraft der Erlösung, die Ich bin.

In dieser irdischen Stunde vernehmt ihr Mein Wort nicht über die Atmosphäre, denn Ich bin nicht in die Atmosphäre getreten. Ich verweile unter dem kleinen Völkchen Neues Jerusalem, das den Bund mit dem Ewigen geschlossen hat und so auch mit Mir – Christus. Ich, der Sohn Gottes, bin manifest unter den Meinen – unter dem besagten Völkchen, das mit Mir ist.

Höret, ihr Völker dieser Erde! Höret, ihr Menschen, die ihr durch Prophetenmund Meine Stimme vernehmt! Es ist Großes offenbart, und weit Größeres wird sich noch vollziehen, denn der Ewige senkt sich mit Seiner Urstrahlung immer mehr auf die Erde hernieder. Sie verbindet sich mit Meiner Erlöserkraft und wirkt so auf die Erde und in der Erde und auch in dieser Welt. Alles wird sich im Lichte der Urkraft und der Erlöserkraft wandeln. Das alte Menschliche, das Materialistische wird allmählich vergehen. Eine neue Zeit steht auf – es ist die Zeit des Christus. Wollt ihr mit Mir sein und mit Mir in diese neue Zeit, in Meine Zeit, hineingehen? Wenn ja, dann hört, was Ich euch zu sagen habe:

Der Ewige hat den letzten Bund geschlossen – mit Menschen, die sich bemühen, den Willen des Vaters zu tun. In diesem Land, von dem aus Mein Wort in die Welt geht, entsteht das Neue Jerusalem – und von dort aus das Friedensreich Jesu Christi, das sich über die ganze Erde ausdehnen wird.

Immer wieder hört ihr vom Universellen Leben. Im Universellen Leben wächst das

Neue Jerusalem und aus dem Universellen Leben heraus das Friedensreich Jesu Christi, Mein Reich. Was bedeutet Universelles Leben? Universelles Leben heißt: kosmisches Leben. Menschen denken nicht mehr an ihr kleines, niederes, einengendes Ich. Sie gehen den Weg nach Innen zum kosmischen Bewußtsein, zum ewigen Vater – und werden somit kosmische Kinder, die nicht nur an sich denken, sondern weltweit, ja universell. Diese Menschen sind bemüht, für alle da zu sein, die guten Willens sind. Ja, sie holen den Himmel auf diese Erde – nicht nur für sich selbst, sondern für alle Menschen, die guten Willens sind. Infolgedessen geht Mein Ruf zu allen Völkern dieser Erde, zu allen Menschen.

Höret! Das Universelle Leben ist Mein Erlöserwerk. Über das Universelle Leben – und somit auch über die Gemeinde Neues Jerusalem im Universellen Leben – hole Ich alle Willigen aus allen Religionen, Konfessionen und Gruppen in das Erlöserwerk Jesu Christi, in das Universelle Leben."

Höret die Stimme eures Erlösers!

Dann sprach Christus alle Menschen an, welche die göttlichen Gesetze ernsthaft zu verwirklichen trachten, aber noch in verschiedenen geistigen Gruppen, Konfessionen und Religionen sind.

„Ich rufe hinaus: Ihr Menschen dieser Erde, einerlei, in welchen Gruppen, Konfessionen und Religionen ihr euch befindet! Sehet, im Erlöserwerk wird in allen Details der ganze Innere Weg hin zum kosmischen Bewußtsein gelehrt. Dort, wo sich Mein Licht mehr und mehr auftut, soll ein mächtiges Volk entstehen. Von hier aus sollen dann geweihte Menschen in alle Welt gehen und immer mehr Menschen zurückführen, hin zum großen, universellen Geschehen, zu Meinem Werk, dem Erlöserwerk Jesu Christi, das Ich bin. In vielen Gruppen, Konfessionen und Religionen sind Menschen, die ernsthaft verwirklichen – sie spreche ich im besonderen an. Ich will sie dorthin führen, wo das Licht*

---

* Geweihte Menschen sind Menschen, die das Gesetz Gottes nicht nur kennen, sondern einige Stufen hin zum Gesetz Gottes (die vierte Stufe) weitgehend verwirklicht haben.

am stärksten leuchtet und von wo aus es die ganze Erde umstrahlt. Ich will euch führen und herausführen aus der Einengung von Gruppen, Konfessionen und Religionen – hin zu Mir, dem Erlöserwerk Jesu Christi, dem Universellen Leben.

Die Zeit ist nahe: Die materialistische Welt vergeht, diese Erde reinigt sich. Weltweite Katastrophen bahnen sich mehr und mehr an – Feuer und Wasser in Verbindung mit den Gestirnen. Dann wird die Erde erhoben, ja gereinigt von all dem, was unrein ist. Und so werden viele Menschen, die ***nur*** *Christus* ***rufen****, im Ich, im Materialistischen versinken.*

O erkennet, dann wird sich wie von selbst ***ein*** *Volk ergeben – es ist das Christusvolk unter Meiner Führung. Doch bevor weit Größeres geschieht, das heißt, bevor die Erde immer mehr erzittert, bevor Krankheiten, Pestilenzen und vieles mehr die Menschen hinwegraffen, bevor die Wasser kommen, rufe Ich: Ihr Menschen dieser Erde, höret die Stimme eures Erlösers! Erlösung ist Befreiung von allem Gegensätzlichen. Erlösung heißt Heimführung zum Herzen Gottes. Ja, Ich hole heim über die Station Universelles Leben –*

über das Neue Jerusalem – hin zum Herzen Gottes. Und viele werden wiederkommen und mit Mir das Friedensreich Jesu Christi weiter aufbauen, so daß es die ganze Erde umspannt.

Die Zeit ist nahe. Erkennt und erfaßt: Die Urkraft und die Erlöserkraft verbinden sich mehr und mehr. Dadurch wird die Erde erzittern und die Erdseele immer mehr emporstrahlen: ein Teil des Neuen Jerusalem und das Friedensreich Jesu Christi."

Das Angebot Christi

Dann bot Christus allen Menschen den Inneren Weg an, der hinführt zum Herzen Gottes. Und wer diesen Weg, wie er im Universellen Leben, dem Erlöserwerk des Herrn, gelehrt wird, ernsthaft beschreitet, in dem erwacht die selbstlose Tat, die erforderlich ist, um in der Urgemeinde Neues Jerusalem zu dienen und den Bund mit Gott zu schließen, der allen angeboten ist. Der Herr sprach:

„Ich biete allen Menschen dieser Erde, die guten Willens sind, den Inneren Weg in allen Details an – hin zum Herzen Gottes, zum kosmischen Bewußtsein.

Menschen, die wahrhaft dem Vater und Mir dienen wollen, können den Bund mit dem All-Einen schließen – so sie gewillt sind, zu dienen und die Werke der Liebe, die Werke der selbstlosen Liebe, zu tun. So geht der Ruf an alle Menschen dieser Erde: Besinnt euch! Die Kräfte – die kosmischen Kräfte in den Gruppen, in den Konfessionen und Religionen – gehen immer mehr zurück, weil sich die e i n e Kraft, die Macht der Liebe, konzentriert und kristallisiert – und wieder ausstrahlt.

Kommt zum Kristallisationspunkt, zu der wachsenden Urgemeinde Neues Jerusalem! Doch erkennt: Jeder, der kommt, der soll das Gebot wahren: Bete und arbeite! * *Denn, wer den Inneren Weg zum Herzen Gottes, zum kosmischen Bewußtsein, geht, in dem erwacht die Tat für den Geist Gottes auf dieser Erde – die selbstlose Tat, geboren aus der göttlichen Weisheit.*

---

* In und um Würzburg entstehen die Modelle für die weiteren Betriebe und Einrichtungen im Friedensreich Jesu Christi. Da die Gemeinde des Herrn noch in der Aufbauphase ist, werden alle, die zum Ausgangspunkt des Friedensreiches kommen wollen, gebeten, zunächst selbst für Wohnung und Arbeitsplatz Sorge zu tragen.

Die Glieder der Gemeinde Neues Jerusalem, die den Bund mit dem Ewigen geschlossen haben, öffnen die Tore. Sie wollen nicht die einzig Auserwählten bleiben. Jeder ist willkommen – und Gott wird jeden erwählen, der sich bemüht, die Gesetze des Lebens zu verwirklichen und so beizutragen, daß es ein Volk, ja eine Herde wird – die Herde eures Erlösers, der Ich bin."

So erfüllte sich nun das, was Gott-Vater wenige Wochen vorher bereits angekündigt hatte: Die Gemeinde Neues Jerusalem öffnet ihre – noch unsichtbaren – Tore. Zu Seiner Gemeinde sprach der Herr daraufhin ernst, sie in die Verantwortung rufend:

„Deshalb spreche Ich immer wieder zur Gemeinde Neues Jerusalem: Achtet darauf, wer durch die Tore geht! Denn die Dämonen im Erdenkleid werden sich auch anschleichen, und die dunklen Seelen wollen ebenfalls vom Lichte zehren. Deshalb werden die, die jetzt schon den Bund mit dem Vater geschlossen haben, jeden prüfen! Doch sie werden nicht gegen, sondern mit ihm sein – so, wie Ich mit allen Meinen Kindern bin, einerlei, wie sie denken und leben, auf welcher Seite des Lebens sie sich befinden. Ich

bin die erlösende Kraft, die Barmherzigkeit und Güte, die jedem Schaf nachgeht – ja, hinein bis in die Dämonenreiche, um zu rufen, zurückzuführen, hin zum Herzen Gottes."

Ihr Menschen, kehrt um!

Christus sprach in Seiner Offenbarung auch von den kommenden Zeiten – und Er mahnte zur Umkehr:

„Wisset: Die Not auf dieser Erde ist schon groß; doch die Nöte werden noch allumfassender und größer werden, denn viele Menschen klammern sich weiterhin an das Materialistische.

Doch auch sie sind nicht verloren. Wenn ihre Seelen das Diesseits verlassen, so werden sie auf der feinstofflichen Stufe der Ordnung aufgenommen und dort belehrt. Doch sie tragen ihre Leiden mit dorthin und auch die Knechtschaft ihres menschlichen Ichs, dem sie hörig waren und unterlagen. Dort müssen sie erkennen und leiden, müssen abtragen, was verursacht wurde – dort in einem Zyklus, der nicht eurer Zeit entspricht. Und dieser Zyklus für die Seelen kann sehr, sehr schwer und ein unvorstellbarer Leidensweg sein.

Deshalb rufe Ich immer wieder in die Welt hinaus: Ihr Menschen, kehrt um! Das Licht des Vaters und des Sohnes ist jedem so nahe! In der dunkelsten Seele brennt Mein Erlöserlicht. Im dunkelsten Dämon wirkt Meine Flamme. Die Liebe ist da! Ich rufe alle."

Und Christus sprach weiter von der großen Zeitenwende:

„Erfaßt den Sinn Meiner Worte, und ihr verspürt, welch große, ja kosmische Zeit sich auftut, denn in allem Gegensätzlichen ist auch das Positive – das große Ganze, das mächtige Geschehen aus Gott. Die große Zeitenwende bringt also auch die großen Katastrophen, die großen Umwälzungen – und doch wirkt das Licht des Vaters und des Sohnes, der Ich bin, immer stärker. Aus dem Gegensätzlichen, aus Not, Katastrophen, Pein und Krankheit entsteht das Friedensreich Jesu Christi. Es wächst aus den Menschen heraus, die in sich den Frieden wahren und so miteinander Frieden halten. Sie sind es, die auch den Bund mit Gott, eurem und Meinem Vater, halten.

O sehet, das Licht wird stärker auf dieser Erde. Es ruft. Es holt heim. Es führt. Es lindert und heilt!"

Nach diesen sehr eindrucksvollen Worten sandte Christus, der Erlöser aller Menschen und Seelen, der auch der Innere Arzt und Heiler in jedem von uns ist, Seine erlösenden Strahlen, die lindern, helfen und heilen, über diese Erde. Es war ein Erlebnis, das sehr viele Menschen tief berührte.

VII. Das Angebot Jesu Christi an alle geistigen Gruppen, Konfessionen und Religionen

Die erste christliche Urgemeinde im Friedensreiche Jesu Christi, die Gemeinde Neues Jerusalem, die den Bund mit Gott-Vater geschlossen hat, hat also ihre Tore geöffnet. Christus, der Herr, der Sein Friedensreich nun auf Erden errichtet, möchte alle Menschen, die ehrlichen Herzens Gott zustreben, sammeln. Darum wandte Er sich auch an alle geistigen Gruppen und deren Führer – einschließlich der christlichen Konfessionen – und machte ihnen ein Angebot, das Er in einer Offenbarung durch unsere Schwester mitteilte und das hiermit veröffentlicht wird. Christus, der Erlöser aller Menschen und Seelen, offenbarte:

„Mein Wunsch ist es, alle willigen Menschen aus den verschiedenen geistigen Gruppen zu sammeln, ebenso Menschen aus den sogenannten evangelischen und katholischen Kirchen, aus allen Konfessionen und Religionen. Jene, welche freien und lauteren Herzens sind, kommen in Mein Erlöserwerk, um nach einer Bewährungszeit den Bund mit Mir zu schließen.

In Meinem Werk, dem Erlöserwerk Jesu Christi, dem Universellen Leben, aus dem das Friedensreich Jesu Christi hervorgeht, habe Ich, Christus, alle Stufen des Inneren Weges vorgegeben. Weiterhin lehrte und lehre Ich sodann den siebenstufigen Pfad, hin zum Herzen Gottes, in allen Einzelheiten. Es bedarf also nicht mehr der vielen einzelnen Lehrstufen in allen anderen Gruppen.

Ich habe den Lehrstoff für den Inneren Weg, hin zum Herzen Gottes, in Meinem Werk der Erlösung vorgegeben und habe Meinen Diener, Bruder Emanuel, den Cherub der göttlichen Weisheit, beauftragt, ihn zu übermitteln.

In Meinem Werk wirkt Meine Lehrprophetin, die Botschafterin Gottes, als Lehrinstrument. Sie bildet die Geistigen Lehrer aus, indem sie diese in den Gesetzmäßigkeiten Gottes unterweist. Die Lehrprophetin und Botschafterin Gottes und die Geistigen Lehrer werden alle willigen Menschen, die freiwillig aus den verschiedenen Gruppen und Konfessionen kommen, auf dem unmittelbaren Christusweg, dem Inneren Weg, von Stufe zu Stufe begleiten.

Jenen, die bisher geglaubt haben, im Wort aus der unmittelbaren Quelle selbst schöpfen zu *können, und Gruppen geleitet und geführt haben und nun – auf Grund des Geoffenbarten von Bruder Emanuel* – erkennen, daß es zum großen Teil nur abgerufene Wahrheit ist und nicht die Wahrheit selbst, denen biete Ich an, die Abrufungen einzustellen und sich im Universellen Leben auf dem Inneren Weg zu bewähren. Nach dieser Bewährungszeit sollten sie sich in die Urgemeinde Neues Jerusalem einordnen und, so sie wollen, sich im Universellen Leben als Heilwerkzeug üben. Im weiteren Verlauf, wenn sie die Gesetze Gottes kennen und diese ernsthaft verwirklichen, können sie als Geistige Lehrer in Meinem Erlöserwerk, im Universellen Leben, ausgebildet werden.*

Das ist ein Angebot an alle außerhalb des Universellen Lebens – Meines Erlöserwerkes – stehenden Gruppen, Konfessionen und ihre Begleiter oder Führer.

Es ist der Wille Gottes, Meines Vaters: Dient Meinem Werk der Erlösung, dem Universellen Leben, aus dem das Friedensreich Jesu Christi hervorgeht! Das ist Mein Wille. Amen.“

---

* Vgl. VIII.

VIII. Gottespropheten – und die vielen Wortträger

1. Wahre Prophetie und Abrufungen aus der Atmosphärischen Chronik

Das Angebot Christi an alle geistigen Gruppen und deren Führer baut auf einer Offenbarung von Bruder Emanuel, dem Gesetzeshüter der göttlichen Weisheit, auf, welche dieser im Januar 1989 durch die Lehrprophetin Gottes – Gabriele von Würzburg – gab. Der Cherub bezieht hier Stellung zu den vielen sogenannten Propheten und Wortträgern, die in immer stärkerem Maße auftreten, und grenzt diese ab von der wahren Gottesprophetie, welche im Erlöserwerk des Herrn an die Menschen ergeht. Weiterhin erläuterte er die Aufgabe der Künderpropheten im Werk des Herrn.

Bruder Emanuel offenbarte:

„Gott zum Gruß! Der Friede und die Liebe des Ewigen kommen in diese Welt. Es offenbart sich Bruder Emanuel, der Cherub der göttlichen Weisheit, der verantwortliche Diener im Erlöserwerk Jesu Christi, durch die Prophetin des Herrn."

Der freie Wille

„Unsere Schwester, die Prophetin des Herrn, erhält immer wieder Anfragen, ob dieser oder jener Mensch Offenbarungen von Christus, hohen Engelwesen oder gar von Gott-Vater selbst vernimmt. Obwohl unsere Schwester die sogenannten Propheten und Wortträger (medialen Menschen) in ihrem Wesen und ihrem Denken schaut und ihnen aus ihrem erschlossenen Bewußtsein sagen könnte, von welcher Quelle sie gespeist werden, so wird sie dies im allgemeinen nicht tun, weil sie den freien Willen des einzelnen achtet.

Unsere Schwester, die Prophetin des Herrn, hat mich, Bruder Emanuel, gebeten, dazu Stellung zu nehmen. Auch ich kann das Gesetz des freien Willens, das für jeden einzelnen gilt, nicht übertreten und zum Beispiel sagen: ‚Du oder du bist ein Werkzeug deines eigenen Willens.' Mir obliegt nur, eine allgemeine Aufklärung zu geben, so daß sich jeder Fragende selbst ein Bild machen und sich selbst entscheiden kann."

Wahre Propheten

„Auf dieser Erde gibt es echte Propheten und Träger des göttlichen Wortes. Durch den echten Propheten spricht Gott hindurch. Der Träger des göttlichen Wortes ist ein Mensch, der aus dem Gottesgeist Impulse empfängt und diese mit seinen Worten umsetzt. Die echten Propheten haben eine Schulung aus dem Geiste Gottes, die zum Teil über mehrere Inkarnationen hinweggeht.

Ein echter Gottesprophet, der also berufen ist, das Wort Gottes den Menschen zu vermitteln, darf zuvor kein Wissen bezüglich der göttlichen Gesetze und des Kausalgesetzes aus Büchern erworben haben. Das heißt: Die Gehirnzellen dürfen nicht mit angelesenen oder gehörten geistigen Gesetzmäßigkeiten gespeichert, programmiert, sein. Sobald nämlich diese gespeichert sind, nimmt der Hörende nicht die unmittelbare Eingebung von Gott auf.

Gott spricht nur über die Gehirnzellen, die kein geistiges Wissen gespeichert haben. Er gebraucht kein vorgegebenes Programm. Wenn das Gehirn, dieser Speicher, mit angelesenen oder gehörten Gesetzmäßigkeiten Gottes gefüllt ist, dann haben Gott, der Geist des Lebens, und die göttlichen Wesen keine Möglichkeit der Entfaltung im Menschen mehr, weil der Mensch schon programmiert ist.

Würden z. B. der Geist Gottes und die Geistwesen in einen solchen Menschen einsprechen, so käme unweigerlich Mischgut zustande. Das werden der Geist Gottes und die reinen Wesen nicht tun, denn damit würden sie den betreffenden Menschen und dessen Seele belasten und sich selbst auch. Wir wahren also das Gesetz Gottes. Deshalb wird die göttliche Welt keinen solchen Speicher verwenden, um sich den Menschen mitzuteilen.

Ein reines Gefäß Gottes muß freie Gehirnzellen haben, damit sich in dem Menschen, der im Auftrag Gottes steht, ein Prophet zu werden, Gottes Geist entfalten kann."

Der Mensch als Computer

„Jeder Mensch ist mit einem Computer zu vergleichen. Wenn dieser mit Daten gefüllt ist und die Speicherung offenbleibt, so daß jedermann zu den Programmen Zugang hat, dann kann in die schon vorhandenen Programme Weiteres aufgenommen werden. Was dann

herauskommt, ist ein Durcheinander von gespeichertem Gut.

Ähnlich wäre es beim Menschen, wenn Gott und die göttlichen Wesen in Gehirnzellen einsprechen würden, die schon mit geistigem Wissen gespeichert sind, z. B. mit Angelesenem und Gehörtem.

Was läuft ab, wenn der Computer Daten ausgibt? Der Fachmann muß erst die Tastatur bedienen, bevor der Computer das Gespeicherte freigibt. Ähnlich ist es beim Menschen, dessen Gehirnzellen mit angelesenem Gut gefüllt sind."

Abrufungen aus der Atmosphärischen Chronik

„Das läuft wie folgt ab: In der Atmosphäre schwingen z. B. viele, bereits geoffenbarte geistige Gesetzmäßigkeiten. Denkt allein an die vielen Gottes- und Christus-Offenbarungen, die durch unsere Schwester, die Prophetin des Herrn, schon gegeben wurden. Auch alle geistigen Bücher und Cassetten mit diesen Offenbarungen strahlen den Inhalt aus. Das gleiche gilt auch für das gesamte weltliche Gedankengut.

Dieses und alles, was je von Menschen empfunden, gedacht, gesprochen oder vollbracht wurde, sei es gesetzmäßig oder nicht, richtig oder falsch, ist in der Atmosphärischen Chronik verzeichnet. Die Atmosphärische Chronik ist eine geistige Schicht im feinsten Bereich der Erdatmosphäre.

Wenn nun der Mensch durch Hören und Lesen viel Wissen als Gut in sich gespeichert hat und er seinen Eigenwillen einsetzt, um etwas zu hören und um etwas zu sein, und dieses auch weitergeben will, dann sendet er automatisch ‚Wunschwellen', also Gedankenwellen, aus. Diese Wunschwellen nehmen Kontakt mit der Atmosphärischen Chronik auf – und bestimmte Speicherungen seines Gehirns treten sodann in Verbindung mit der Atmosphärischen Chronik.

Der Mensch ist Sender und Empfänger zugleich. Auch die Atmosphärische Chronik mit ihren unzähligen Speicherungen sendet und empfängt. Der Mensch also, der Kontakt mit der Atmosphärischen Chronik hat, spricht sodann mit seinen Worten das aus, was z. B. echte Propheten aus dem Gottesgeist bereits geschöpft und gegeben haben und das – wie alles andere Gedachte, Gesprochene, Geschriebene oder Vollzogene – ebenfalls in der Atmosphärischen

Chronik gespeichert ist. Der Abrufende spricht sodann im göttlichen ‚Ich Bin', weil das einst aus dem Ich Bin Geoffenbarte in der Atmosphäre so schwingt.

Auf diese und ähnliche Weise kommen solche Abrufungen zustande. Sie werden dann als Offenbarungen Gottes oder Seiner Diener weitergegeben.

Hinzu kommt, daß mitunter sogenannte Propheten oder Wortträger den Zuhörern ihr ‚geoffenbartes Gut' mit besonderen Akzenten darreichen möchten; dann schöpfen sie unter Umständen Weiteres aus dem in ihrem Gehirnreservoir Gespeicherten und geben das hinzu.

Es ist auch möglich, daß solche mediale Menschen, wenn sie einen starken Eigenwillen haben, Kontakt zu bestimmten Menschen herstellen und mit deren geheimen Gedanken und Wünschen kommunizieren. Aus diesen, von ihnen aufgenommenen geheimsten Gedanken und Wünschen stellen sie sodann – unbewußt – in ihrem Inneren eine Antwort zusammen. Ihre Mitmenschen glauben dann, diese sei vom Geist Gottes geoffenbart oder von einem Seiner Diener.

Hinter solchen Abläufen von Offenbarungen im ‚Ich Bin' können auch Seelen stehen oder Interessengruppen von Seelen, die sich entweder wichtig machen wollen und dabei den ihnen Glauben Schenkenden Energie entziehen oder sie schädigen wollen. Auch solche Seelen können sich im ‚Ich Bin' offenbaren.

Ich warne also vor solchen sogenannten Propheten oder Wortträgern.

Es gibt wenige Propheten, durch die sich Gott-Vater Seinen Kindern schenkt und klar und absolut offenbart.

Es ist möglich und wird vom Gottesgeist gegeben, daß viele gotterfüllte Männer und Frauen in Verbindung mit dem Göttlichen stehen. Doch das ist eine Verbindung zwischen Gott und Seinem Kind. Es ist dann nicht das Prophetische Wort, das für die Nächsten und für die Welt bestimmt ist."

Künderpropheten im Werk des Herrn

„Im Werk des Herrn werden vom ersten Sohn aus dem Strahl der göttlichen Weisheit Künderpropheten – auch ‚Hilfspropheten' oder ‚Jungpropheten' genannt – ausgebildet. Sie und andere kamen mit dem göttlichen Auftrag in das Fleisch, entweder Geistige Lehrer zu werden oder Hilfs-, also Künderpropheten

zu sein. Ihnen obliegt ausschließlich die Aufgabe, das schon von Gott Geoffenbarte, das schon geschöpfte Wort Gottes, die göttliche Liebe und Weisheit, immer wieder zu verkünden – zur Erbauung der Gemeinden.

Der Jungprophet – und künftig auch der Geistige Lehrer – empfängt Impulse aus dem Göttlichen, um das weiterzugeben, was er in sich selbst an geistigem Gut verwirklicht hat. Der Geist Gottes und Seine Diener geben nur dort in deren Gehirn Impulse ein, wo verwirklichtes Geistiges als Fundament zugrunde liegt.

Das sind nicht Propheten, die über Inkarnationen hinweg vorbereitet wurden, sondern es sind ausschließlich Propheten für die sich aufbauenden Gemeinden und die Inneren Geist=Christus–Kirchen im Universellen Leben.

Es ist nicht die Prophetie als solche, die schöpft, sondern die Hilfsprophetie, die das bereits Geschöpfte noch einmal übermittelt. Ähnlich vollzieht es sich in Zukunft auch bei den Geistigen Lehrern, bis sie selbst, schöpfend aus dem Urgrund ihres erschlossenen Bewußtseins, zu geben vermögen.

Die Jungpropheten, das heißt Hilfspropheten, haben einen Mitinspirator an ihrer Seite. Es ist ein Kontrollwesen, welches nur das zur

Inspiration zuläßt, was schon von dem Jungpropheten verwirklicht wurde.

Hilfspropheten dienen Gott, dem ewigen Geist, in der Hilfsprophetie so lange, bis diese nicht mehr notwendig ist, weil immer mehr Menschen zum Bewußtsein Christi gelangt sind und in sich selbst Kontakt zum Göttlichen haben und aus ihrem erschlossenen Bewußtsein Impulse empfangen, die allein für sie selbst bestimmt sind – nicht für Zweite und Dritte oder gar als Prophetie gegeben sind.

Jungpropheten, auch Künder- oder Hilfspropheten genannt, stehen also unter strenger Aufsicht, damit nicht das eintritt, was heute viele Menschen vollziehen, indem sie ein sogenanntes ‚Ich Bin' aus der Atmosphärischen Chronik abrufen oder sich sogar von Seelen im ‚Ich Bin' steuern lassen.

Meine Worte sollen der allgemeinen Aufklärung dienen. Jeder Mensch vermag sich selbst ein Bild zu machen. Jeder kann selbst prüfen und auch selbst entscheiden.

Diese Zusammenhänge wurden von mir, Bruder Emanuel, der im Auftrag des Ewigen und Seines Sohnes steht, für das Erlöserwerk Jesu Christi offenbart.

Friede allen Menschen und Wesen!"

2. Die göttliche Weisheit wirkt ausschließlich im Erlöserwerk Jesu Christi

Bereits Anfang Juli 1988 hatte sich Bruder Emanuel zu diesem Thema offenbart. Im Namen des Vaters und des Sohnes hatte er folgendes bekanntgegeben:

„Die göttliche Weisheit wirkt ausschließlich im Erlöserwerk Jesu Christi, im Universellen Leben. Sowohl ich, Bruder Emanuel, als auch der Erstgeborene aus der göttlichen Weisheit – auf Erden einst Daniel genannt –, offenbaren sich ausschließlich im Universellen Leben, dem Erlöserwerk des Herrn."

Damit trat der Cherub Meinungen entgegen, nach denen er oder der erste Sohn aus dem Strahl der göttlichen Weisheit sich außerhalb des Universellen Lebens offenbaren würden. Es handelt sich hierbei um Abrufungen aus der Atmosphärischen Chronik oder um eigene Projektionen oder um Einsprachen von Seelen.

Manche meinen auch, daß Gott-Vater durch sie spreche. Doch Gott-Vater spricht nur durch Menschen, die in Seinem Auftrag stehen; Er kann nur von *der* Seele gehört werden, die zum Geistwesen geworden ist und somit am Ursprung, in der Absolutheit, lebt.

Für jene Zeit, in der unsere Schwester Gabriele nicht mehr im Fleische sein wird, sagte Bruder Emanuel vorbeugend:

„Das Geistwesen, unsere Schwester, das sich jetzt noch im Erdenkleid befindet, wird nicht in der Welt, da und dort, durch sogenannte Propheten oder Wortträger sprechen.

Das Geistwesen wird im Universellen Leben zur Erbauung der Gemeinde durch zwei oder drei Prophetinnen hin und wieder sprechen – doch ausschließlich zur Erbauung der Gemeinde und im Universellen Leben!“

Schlußwort

Eine mächtige Zeit ist angebrochen – das Reich des Friedens auf Erden ist geboren: In der Wiege Heimholungswerk Jesu Christi, eingehüllt vom Universellen Leben, liegt das Knäblein – die ersten Schritte des Friedensreiches Jesu Christi. Das Knäblein wächst heran – und beginnt zu gehen; es hat feste Beine und ist kräftig gebaut: Die göttliche Weisheit kann sich freuen an ihm. Sie weiß: durch ihn wird Friede und Liebe auf die Erde kommen – Friede unter allen Menschen und Wesen.

Wenn der Knabe auch eine schwere Zeit durchzustehen haben wird, so wird er geschützt sein vor allen Widernissen. Er wird wachsen im Lichte Gottes – genährt von der ewigen Quelle der Kraft, wird er heranreifen. Sein kraftvoller Fuß wird über diese Erde schreiten und überall, wo er hintritt, wird sich das Licht des Friedens und der Liebe in den Herzen der Menschen entzünden. Er wird die aufrechten Menschen, die ihr Leben Gott geweiht haben, mit dem Malzeichen auf der Stirn versehen – und ihr Leben wird gesegnet sein. Sie werden Christus schauen, wenn Er im Geiste kommen wird – und sie werden bewußt mit Ihm sein; und Christus wird bewußt unter ihnen sein: E i n Hirte und e i n e Herde werden sein auf Erden.

Weiterführende Literatur

Universelles Leben (Hrsg.): Der Hirte und Seine Herde. Die Gemeindeordnung für das Friedensreich Jesu Christi (Würzburg ^{2}1988)

Wagner, Richard: Gott sprach und spricht durch sie: Das Leben und Denken der großen Prophetin Gottes in der mächtigen Zeitenwende (Würzburg ^{2}1989)

Ders.: Gott sprach und spricht durch sie über: Den Engelsturz und die Rückkehr ins Reich Gottes (Würzburg 1987)

Ders.: Gott sprach und spricht durch sie: Der unpersönliche und der persönliche Gott – Wer oder was ist Gott? (Würzburg 1986)

Ders.: Heilung durch die Kraft des positiven Denkens (Würzburg 1989)

Ders.: Reinkarnation. Das Heraus- und Hineinschlüpfen in das Fleisch (Würzburg ^{2}1989)

Ders.: Weltweit Universelles Leben. Die Christusfreunde stellen sich vor
(Würzburg 1989, 2. überarb. Aufl.)

Wille, Otto: Die verfolgten Nachfolger Christi. Die mystisch-gnostischen Bewegungen in der Christenheit vom 2. bis zum 20. Jahrhundert (Würzburg 1987)

Information

GOTT SPRACH UND SPRICHT DURCH SIE

Das Leben und Denken der großen Prophetin Gottes in der mächtigen Zeitenwende

360 S., geb., 25 Farbtafeln

ISBN 3-89371-041-8

Ein historisches Werk, das bewußt noch in der Zeit der Technik verfaßt wurde; so kann es noch viele Menschen erreichen.

Denn dieses Buch ist von großer Bedeutung auch für die künftigen Menschen; es wird ein Nachschlagewerk sein in jener Zeit, in der die Technik nicht mehr oder nur noch in einem geringen Maße besteht. Ein bedeutendes Buch in einer mächtigen Zeitenwende.

Textauszug:

„Bis ich das erlangt habe, was ich in Gott bin, bedurfte es der schwersten Kämpfe. Doch das Ich des Menschen beugte sich vor dem alllmächtigen Ich Bin, und das innerste Wesen wurde zum Gesetz des Lebens, zum Ich Bin in Gott. Den Sieg über mich errang ich durch die Liebe zu Gott. Sie wuchs im Kampf gegen mich selbst und stärkte sich im Sieg über mich selbst. Wie der Phönix aus der Asche emporsteigt, so bin ich meinem Ich entwachsen durch Kampf, Entbehrung und Entsagung, durch die Liebe zu Gott und zu meinem Nächsten. Im Kampf mit mir selbst errang ich die Liebe zu Gott und aus der Liebe zu Gott die Liebe zum Nächsten. Wer sich selbst besiegen möchte, dem ist die Kraft gegeben, und er trägt schon den Sieg in sich.“

DER INNERE WEG
IM UNIVERSELLEN LEBEN

Urchristliches Meditieren

Der Weg nach Innen ist der Weg in die Freiheit. Schrittweise erweitert und erschließt sich das Bewußtsein – durch Meditation, Selbsterkenntnis und Verwirklichung der Bergpredigt im Alltag.

So vermögen wir zunehmend mit den positiven Kräften der Natur zu kommunizieren; es entfalten sich die inneren Heilkräfte, so daß Gesundheit und Lebensfreude einziehen; Harmonie, Glück und Zufriedenheit in Ehe und Partnerschaft erwachsen; wir können konzentrierter und erfolgreicher arbeiten.

Der Weg nach Innen beginnt mit zwei *Meditationskursen.* Er setzt sich fort mit der sogenannten *Intensivschulung,* die sich über vier Stufen erstreckt: Ordnung, Wille, Weisheit und Ernst. Danach schreitet der Christus-Schüler, im Inneren geführt, auf dem *Siebenfachen Mystischen Pfad* zum Herzen Gottes, hinein ins kosmische Bewußtsein.

Der Innere Weg ist als Cassettenfernkurs mittlerweile in vielen Sprachen erhältlich und weltweit verbreitet. Dazu gibt es für die einzelnen Stufen ein Begleitbuch. In Würzburg und einigen anderen Orten wird der Innere Weg zu Gott auch als persönlicher Kurs angeboten.

Meditatitonskurs I zur Erweiterung und Stabilisierung des Bewußtseins

Der Innere Weg im Universellen Leben beginnt mit einem ersten 6monatigen Meditatitonskurs, der als Cassetten-Fernkurs angeboten wird.

Entfalten Sie Ihre inneren Kräfte durch Meditieren zu Hause!

Cassetten-Fernkurs:

7 Textcassetten mit 12 Meditationen, die zur inneren Stille führen; 1 Poster mit Anleitung zu Körperübungen.

Begleitbuch:

Als Ergänzung zu diesem Cassettenkurs gibt es die Meditationen auch in Buchform mit 12 ganzseitigen Farbbildern zu den einzelnen Meditationen.

Mit komplettem Notensatz zu den Körperübungen und eingelegten Postern.

208 S., geb., ISBN 3-928056-69-X

* * *

Weitere Informationen über unser Angebot an Büchern und Cassetten entnehmen Sie bitte unserem aktuellen **Gesamtverzeichnis,** das wir Ihnen gerne kostenlos zusenden.

Universelles Leben · Postfach 5643 · D-8700 Würzburg